高校专职组织员
实操手册

张 莉 郑环环 编

中国言实出版社

图书在版编目(CIP)数据

高校专职组织员实操手册 / 张莉，郑环环编.
北京：中国言实出版社，2024.12. -- ISBN 978-7
-5171-5023-7

Ⅰ . G649.2-62

中国国家版本馆CIP数据核字第2024RD2307号

高校专职组织员实操手册

责任编辑：佟贵兆
责任校对：薛　磊

出版发行：中国言实出版社
　　　　　地　　址：北京市朝阳区北苑路180号加利大厦5号楼105室
　　　　　邮　　编：100101
　　　　　编辑部：北京市海淀区花园北路35号院9号楼302室
　　　　　邮　　编：100083
　　　　　电　　话：010-64924853（总编室）　010-64924716（发行部）
　　　　　网　　址：www.zgyscbs.cn　　电子邮箱：zgyscbs@263.net

经　　销：新华书店
印　　刷：北京中科印刷有限公司
版　　次：2025年1月第1版　　2025年1月第1次印刷
规　　格：710毫米×1000毫米　　1/16　　16.25印张
字　　数：238千字

定　　价：79.00元
书　　号：ISBN 978-7-5171-5023-7

目 录

第四部分　发展党员相关工作性材料

第五部分　组织员常用文件选编

第一部分 组织员相关制度

一、组织员制度历史沿革

组织员制度是我们党总结党的建设的历史经验，为加强党员队伍建设所确定的一项独具特色的工作制度，是随着我们党的事业不断发展和党的队伍的逐步壮大而产生和发展的一项制度。当前，组织员在各级党委特别是高等学校各级党组织的发展党员工作、党员教育管理监督工作、落实党对高校的全面领导、落实全面从严治党向基层延伸、促进党建与中心工作互促共进以及其他工作之中，都发挥着重要的作用。

组织员队伍最早建立于 1945 年。为加强发展党员工作力量，对发展党员工作实行有效的控制和具体指导，确保党员发展质量，刘少奇同志在党的七大上关于修改党章的报告中提出，"要将发展党员的工作，委托给一些完全可靠的、在党的建设上有经验的、思想与作风都是纯正的工作人员去主持……这就是我们党的组织员。每一个区党委、地委、县委以至区委，都应该有这样一些经过考验与训练的组织员，进行经常工作。在决定和批准接收新党员时，各级党委就应该依靠他们去进行详细的谈话及参加审查与介绍等。这样就可以经常接受新党员，又不致使这种工作失去党的领导与控制"，这是组织员概念的发源点。

1951 年召开的第一次全国组织工作会议上，通过了《关于发展新党员的决议》，其中明确"党的组织部门，应建立管理党员的机构，选择与训练一批可靠的称职的组织工作人员"。根据这一规定，我们党开始建立组织员制度。但这一制度在相当长的一段时间没有很好地实行和坚持下去。

1961 年，中央组织部向党中央报送了《关于加强对党员的教育管理工作的报告》，其中提出重新恢复组织员制度。报告指出："县（市）委和大中城市的区委，都要挑选一批政治可靠、作风正派、懂得党的基本知识、有一定的政治文化水平的党员干部，担任组织员。对他们要进行专门的训练。"这一报告经中共中央批准，各地陆续恢复和建立起组织员制度。

在"文化大革命"中，组织员制度遭到较为严重的破坏。

1982 年，中央组织部在《发展党员工作座谈会纪要》中重申，"为了保证发展党员的质量，各地应把组织员制度恢复起来，挑选一批党性强，适宜做这方面工作的同志担任组织员。"

1983 年，《中共中央关于加强党员教育工作的通知》再次强调恢复组织员制度的必要性。之后，中央组织部又在不同文件中，多次明确要求"要加强组织员队伍建设"，并提出具体要求。

1990 年，中央组织部颁布的《中国共产党发展党员工作细则（试行）》中提出，"县以上党委和组织部门要重视对组织员的选拔、配备和培训，充分发挥他们在发展党员工作中的作用"。

1994 年，中央组织部下发《关于在县（市、区）和国有大中型企业、普通高等学校中设组织员有关问题的通知》，对县（市、区）和国有大中型企业、普通高等学校中设置组织员的任务、管理、编制等问题，进一步予以明确。

党的十八大以来，以习近平同志为核心的党中央高度重视加强党员队伍建设工作。

2014 年，中共中央办公厅印发了《中国共产党发展党员工作细则》，第六章第四十条提出，县以上党委及其组织部门应当重视对组织员的选拔、配备和培训，充分发挥他们在发展党员工作中的作用。

2019 年，中共中央印发了《中国共产党党员教育管理工作条例》，第九章第四十一条提出："乡镇、街道、国有企业、高等学校等基层党委，按照规定配备一定数量的专兼职组织员，由县级以上党委组织部门进行业务指导和管理，承担指导督促发展党员和党员教育管理等工作。"

2021 年，中共中央印发修订后的《中国共产党普通高等学校基层组织工作条例》，对高校专职组织员的配备提出明确要求。

二、组织员制度在高校的建设发展沿革

高校党建工作是党的建设新的伟大工程的重要组成部分，组织员制度在高校党建工作中也经历了不断走向成熟的过程。

（一）高校组织员制度的提出

建党初期，中国共产党的力量比较弱小，党的主要任务是发展党员、成立党组织和领导工农运动。这时中国共产党人就注重在高校中开展工作，宣传党的主张，发展党员，并积累了一定的工作经验。中国共产党早期通过多种形式深入到高校，在高校中成立了党组织，并开始探索开展党建工作，为组织员制度的建立奠定了较好的组织基础，积累了宝贵的工作经验。

在推翻帝国主义、封建主义、官僚资本主义三座大山的时代任务下，培养并发展忠诚可靠的党员以加强党的组织建设，充实革命力量，成为摆在中国共产党人面前的重要议题。

1945 年，刘少奇在党的第七次全国代表大会上代表党中央作修改党章的报告，报告中首次提出建立组织员制度，并明确组织员以发展党员为主要工作内容，组织员需要具备政治立场完全可靠、有一定党建工作经验，且思想作风纯正等任职条件。组织员制度应时而生，为充实党的队伍，保证党组织的纯洁性与先进性，最终为夺取新民主主义革命胜利夯实了制度基础。

（二）新中国成立初期高校组织员的建设

新中国成立后，中国共产党面对巩固政权与开展社会主义改造和建设的时代命题，需要进一步充实党员力量，扩大党的队伍。1951 年，中国共产党召开第一次全国组织工作会议，主要讨论党的组织建设与党员发展问题，并决定在继续沿用新民主主义革命时期组织员制度基础上，根据地方党组织的

党员人数按比例配备组织员。1952年，伴随着高等教育的发展和高校院系的调整，高校党委建制的组织形式为组织员制度向高校延伸奠定了基础，组织员主要承担发展教师和学生党员、协助建设党支部的工作。比如，上海财政经济学院（现上海财经大学）党委于1953年初制定的《上海财政经济学院建党工作计划》提出，设立组织员加强发展党员和党的支部建设工作。组织员制度的实施，为高校完善基层党组织体系、壮大党员队伍、加强党对高校的领导提供了制度保障。该时期高校组织员制度顺应党确立对高校领导的需要，在高校基层党组织建设中发挥了重要作用，推动了组织员制度向高校党建延伸的重要跨越。

1961年，《中共中央对中央组织部〈关于加强对党员的教育管理工作的报告〉的批示》指出，"要加强党的领导，必须首先加强党的自身的工作"，并再次强调恢复组织员制度的重要性与必要性，明确了组织员的编制归属于组织部，接受党委领导，这是组织员制度的一次重要完善。同年，《中共中央关于讨论和试行教育部直属高等学校暂行工作条例（草案）的指示》进一步为高校党的组织和党的工作指明了方向，明确高校实行"党委领导下的以校长为首的校务委员会负责制"。党对高校的重视程度进一步加强。1965年，中央组织部提交的《关于目前党员的情况和今后六年接收党员意见的报告》明确指出，"高等学校学生中党员太少"，要重视在高校学生中发展新党员，需要"建立一支组织员的队伍。挑选一批思想作风好、有党的工作经验的干部，专门负责对新党员进行审查、谈话和检查发展党员的情况等"。对组织员工作目标、任职要求作出了明确规定，组织员制度在这一历史时期得到了发展。

（三）改革开放时期高校组织员建设

党的十一届三中全会后，中共中央在加强党的建设上采取了许多措施，恢复与重建组织员制度就是其中一项重要工作。1982年，中央组织部《发展党员工作座谈会纪要》提出，应将"组织员制度恢复起来"，把党员党性修养作为组织员任职的首要选拔标准，以做好发展党员工作，加强对基层党组织的整顿和巩固。该时期中央组织部加强了对基层党组织发展党员工作的指导，帮助基层党组织把好党员发展的质量关，有力地抵制和纠正了发展党员工作中的不正之风。并明确提出，要加强在大专院校学生中发展党员工作，增加青年成分，吸收具有高度政治觉悟和综合业务能力的先进分子加入党的队伍，这为组织员制度建设提供了理论指导。1983年，为推动党员发展工作深入推进，中央组织部出台了《关于加强在大学生中发展党员工作的意见》，明确提出要恢复和进一步发展高校组织员制度。其中，要以教职工党员兼职组织员为主要构成形式，组成组织员队伍；以发展学生党员为工作目标，努力加强党在大学生这一后备力量中发展党员。随着高校工作的发展，组织员制度也逐步走向正轨。可以看到，刚刚恢复建立的组织员制度主要以教职工党员兼任组织员这一方式开展工作，组织员的主要工作任务为发展、教育党员。

根据党中央指示精神，各地纷纷开展探索恢复高校组织员制度的实践。比如，《中共上海市委组织部1983年工作要点》强调，要重视对大学生的党员发展和教育工作，认真学习并贯彻《中共中央关于加强党员教育工作的通知》的精神，在全市恢复组织员制度。同时，对组织员、党课报告员进行分级培训，进一步提升党员教育工作的质量与成效。

1984年，中共上海市委组织部在组织工作任务和设想中指出，要重点解决知识分子"入党难"的问题，切实改变各高校的班级没有党员的状况。为此，上海持续推动建立和健全党的组织员制度，并加强对组织员的思想政治领导和业务培训，以激活组织员的工作效能。1984年，《上海市党的组织员工作试行条例》（以下简称《条例》）进一步探索并充实组织员人员构成，要求各大专院校必须设立专职组织员。上海各高校组织员制度向着专业化建设先行一步。此外，《条例》针对组织员的任职条件、职责、工作任务也作出了具体规定，上海高校组织员制度较同期其他地区有了相当程度的完善。1988年6月，全国组织工作会议召开，对前一阶段的组织员工作进行总结。会议强调组织员在发展党员工作中的重要作用，并要求总结经验，对进一步推广组织员制度，对未来组织员制度的普遍推广提供了组织支持。

1990 年 4 月，第一次全国高校党的建设工作会议召开。同年 7 月，出台了《中共中央关于加强高等学校党的建设的通知》，对加强党组织建设提出了具体要求，明确提出有条件的学校可以配备必要的专职党务工作人员。1994 年，中共中央组织部明确高校党委可以根据工作需要"自行配置专兼职组织员数量及职级"。这赋予了高校一定自主权，组织员制度的灵活性及与学校工作的适配性大大提高。专职组织员这一岗位设置形式在高校中逐渐普及，任职形式与途径也逐渐多样化，这就提高了高校党委在执行组织员制度并进行深入探索的积极性。比如，华中师范大学探索返聘离退休党员担任专职组织员，以离退休党员为现实标杆，通过言传身教深入推进党员发展与教育工作。此时，组织员职责不仅包括发展党员，还延伸至党组织建设方面。专职组织员在学生党员发展、教育、管理和党组织建设等方面发挥了良好作用。

1995 年，中共中央组织部《关于进一步加强在青年中发展党员工作的意见》（以下简称《意见》）对高校组织员制度在编制、职级方面作了进一步补充，并强调组织员的待遇问题。《意见》进一步加强了组织员配套的制度保障，同时提出在优秀的党员团干部中聘任兼职组织员，拓宽了兼职组织员任职渠道。1996 年 3 月，《中国共产党普通高等学校基层组织工作条例》（以下简称《条例》）对高校院系一级设置专职组织员作出了明确规定：在院系一级单位成立党的总支部，党的总支部应配备必要的专职党务工作人员；明确党务工作队伍应坚持以专职人员为骨干、专兼结合的原则，以全校师生员工总数的百分之一左右配备岗位。《条例》为组织员队伍的专业化发展作出了明确的规定。这一系列文件为高校聘任兼职组织员提供了基本遵循，专兼结合成为组织员制度的特征之一，组织员的选拔路径得到了拓展，高校在建设组织员队伍中的自主性得到了提高。随着高校各项制度逐步完善，组织员队伍开始向专职专用的方向迈进，并逐步向基层延伸，形成了"专在学校""兼在院系"的队伍特点。此外，作为高校人才队伍建设的重要环节，组织员也承担了越来越多的党组织建设工作。

以中央精神为指导，各地、各高校结合自身实际加强组织员队伍建设，在组织员编制、任职、职责上出台了相关文件。比如，上海出台了《上海市高校发展党员工作实施细则》、召开了上海高校组织员工作研讨会；福建省下发了《关于在大中型企业与高等院校配备党委组织员的通知》，等等。组织员制度不断完善，逐渐实现制度化、规范化、长期化发展。这对于保证大学生党员发展质量、坚持党对高校的全面领导、激活党员队伍的凝聚力与战斗力等发挥了重要作用。

（四）21 世纪高校组织员建设

进入 21 世纪，随着大学生申请入党人数的增加，高校党员的发展、教育、管理工作面临新的挑战。在多元化思想价值的冲击下，强化对大学生的思想政治教育、党性教育成为党组织面临的迫切问题，急需深入探索党员教育管理工作的新机制、新方法。党的十六大报告强调，要适应新形势，重视在高知识群体、青年中发展党员。发展大学生党员是高校党组织的基本任务，是高校党建的主要目标，也是加强党的建设总体布局的重要板块。需要进一步通过完善组织员选聘、工作、管理制度，以组织员制度建设为抓手，为深入推进党建工作提供坚实的制度保障。

2003 年，中共中央组织部、中共中央宣传部等部门联合召开了第十二次全国高校党建工作会议，这次会议强调要丰富兼职组织员任职途径与方式，如鼓励离退休党员兼任组织员，拓宽组织员聘任途径；进一步确认高校组织员角色定位，明确其专职党务工作人员的重要地位；将高校党建与思想政治教育紧密结合，推动党建和思想政治工作队伍协同发展。2004 年，《中共中央组织部关于进一步做好新形势下发展党员工作的意见》明确指出，高校组织员队伍应以"专兼结合"为重要组成形式，推动组织员专业化程度进一步向基层党组织延伸。2005 年，《中共中央组织部、中共教育部党组、共青团中央关于加强和改进在大学生中发展党员工作和大学生党支部建设的意见》对院系党组织应配备专职组织员人数进行了明确规定，"党委建制的院（系）党组织应至少配备一名专职组织员"，保证党务工作的正常开展。这一系列文件为组织员队伍进一步向高校基层延伸提供了政策保障，组织员队伍专业化程度得到提高，并在院系一级形成了专兼结合、以专为主的组织员队伍。此后，《中共中央组织部、中共教育部党组关于加强民办高校党的建设工作的若干意见》（2006）、《中共教育部党组关于加强普通高等学校基层党组织建设的意见》（2007）、《中国共产党普通高等学校基层组织工作条例》（2010年修订）等文件的相继出台，进一步明确并深化了专职组织员向院系党组织延伸，高校党组织建设向着专业化深入发展。

党和国家针对新世纪高等教育发展新形势，结合党员培养、教育、发展工作中出现的实际问题，不断完善并拓展组织员制度，如在科学合理设置组织员岗位数量、拓宽组织员任职途径、丰富组织员任职方式、完善组织员聘任制度、丰富组织员培训方式、保障组织员职级待遇上不断创新。探索聘请离退休党员干部兼任组织员也是一次成功尝试。2010年6月，教育部办公厅印发的《教育部办公厅关于在高等学校聘请离退休老同志担任特邀党建组织员的意见》，肯定了聘请退休老党员教师、退休党务工作者协助院（系）开展大学生党员教育工作。这些特邀党建组织员长期奋斗在党组织工作的一线，凭借其丰富的实践经验对大学生党员进行教育，大大提高了党员教育的有效性。这一组织员任职方式的拓宽，为高校党建工作的有效推行提供了有益补充。

伴随着高校党委领导下的校长负责制的贯彻执行，党委集体领导加强，高校组织员在党员发展和党员教育管理方面发挥了重要作用，有效保障了大学生党员发展的数量与质量，为社会主义建设提供了高素质人才。随着中央文件明确提出院系一级应设立专职组织员，高校组织员专业化、科学化建设进一步向高校基层党组织延伸，高校组织员的职业化建设取得了重大进展。但由于高校党建专门人才短缺、较大的人员流动性等问题致使院系党组织基本仍以兼职组织员为主。而高校兼职组织员普遍由辅导员、教职工、高年级学生等担任，这些兼职组织员本身面临着繁重的日常工作学习任务和常规性的科研教学压力，这直接导致了党务工作受到行政、教学、科研等工作的影响，制约了组织员履行党务职责，高校组织员制度仍需要进一步完善。

（五）新时代高校组织员制度的建设

党的十八大以来，以习近平同志为核心的党中央高度重视高校党的建设，组织员队伍不断加强。中国特色社会主义进入新时代，党的建设也迎来了新形势，面临着新问题，对高校党建工作也提出了新要求。由此，高校党建工作被赋予了与时俱进的意义和内涵。这要求持续加强组织员制度建设，以进一步提高高校党建工作质量，夯实高校党的组织建设的制度保障。

2013年，中共中央办公厅下发的《关于加强新形势下发展党员和党员管理工作的意见》明确指出组织员队伍在高校党建中的重要地位，高校组织员要做好党建政策执行的"把关人""协调人"和"监督人"，在新时代高校党的建设中承担更大责任。新形势新任务也对组织员选聘、履职方面提出了更高要求。因此，高校在选聘阶段需要选优配强组织员，并在后续实际工作中加强对组织员的培训培养。

2016年12月，中共中央、国务院印发了《关于加强和改进新形势下高校思想政治工作的意见》（以下简称《意见》），将组织员纳入高校党务工作队伍，明确组织员作为教师和管理者的双重身份，强调要保障组织员数量充足，确保组织员素养优良，并深入推动组织员队伍专业化、职业化建设。此外，《意见》规定组织员既可以进行行政职级的晋升，又可以评聘专业技术职务，这进一步体现了中央对组织员队伍建设的高度重视，并通过丰富和完善组织员晋升制度为党的建设提供坚实保障，极大提高了组织员工作的积极性与主动性。

2017年3月，教育部党组印发的《普通高等学校学生党建工作标准》对院系专职组织员的任职人数、配备数量与原则作出了具体规定，明确了组织员的人数配比比例和原则，并明确要求院系必须配备专职组织员。通过党的十八大以来出台的一系列文件，组织员专业化建设得以深入推进，组织员制度日趋完善。

2018年2月，中央组织部、教育部党组印发的《高校党建工作重点任务》，明确规定院系至少配备1至2名专职组织员负责党建工作。通过加强专业化、职业化的党务工作队伍建设，高校党建工作深入开展得到了有效保障，并建立起高效有序的党务工作机制。

2021年2月，新修订的《中国共产党普通高等学校基层组织工作条例》（以下简称《条例》），对组织员的选配标准、工作职责、奖惩待遇等进一步作出明确规定，并强调要坚持以"专职为主、专兼结合、数量充足、素质优良"为要求，高校党委在编制内按规定配足专职组织员，切实提高高校组织员队伍的质量，并将党务工作队伍纳入学校人才队伍建设总体规划之中。院系党组织一级的专职组织员在数量、职级、编制上也有了新的突破，如建立健全保障激励机制，实施职务职级"双线晋升"政策；专职组织员纳入学校事业编制，具备教师和管理人员双重身份，实行专业技术职务（职称）评审单列计划等。修订后的《条例》完善了高校基层党组织的工作规范，组织员通过晋升等制度获得了正向激励，激发了他们工作的积极性与主动性，为高校党建的深入发展提供了队伍保障。下表梳理了高校组织员建设的相关文献及主要论述。

高校组织员建设的相关文献及主要论述

时间	文件名称	重要论述
1983年12月	《关于加强在大学生中发展党员工作的意见》	要求高校建立组织员制度，可以从教职员的党员中选择一些适合做这项工作的同志做兼职组织员，协助学生党支部做好学生中发展党员的工作
1994年1月	《关于在县（市、区）和国有大中型企业、普通高等学校中设置组织员有关问题的通知》	对普通高等学校中设置组织员的任务、管理、编制等问题作了进一步说明，并且明确指出组织员主要负责抓好入党积极分子队伍建设和做好发展党员工作
2005年4月	《中共中央组织部、中共教育部党组、共青团中央关于加强和改进在大学生中发展党员工作和大学生党支部建设的意见》	要求加强组织员队伍建设，配备数量充足的专兼职组织员，党委建制的院（系）党组织应至少配备一名专职组织员
2010年8月	《中国共产党普通高等学校基层组织工作条例》	要求配备一定数量的组织员
2017年2月	《普通高等学校学生党建工作标准》	要求每个院（系）至少配备1—2名专职组织员

续表

时间	文件名称	重要论述
2018 年 2 月	《关于印发〈高校党建工作重点任务〉的通知》	规定每个院（系）至少配备 1—2 名专职组织员
2019 年 5 月	《中国共产党党员教育管理工作条例》	要求高等学校等基层党委，按照规定配备一定数量的专兼职组织员，由县级以上党委组织部门进行业务指导和管理，承担指导督促发展党员和党员教育管理等工作
2021 年 2 月	《中国共产党普通高等学校基层组织工作条例》	要坚持以"专职为主、专兼结合、数量充足、素质优良"为要求，高校党委在编制内按规定配足专职组织员，切实提高高校组织员队伍的质量，专职组织员纳入学校事业编制，具备教师和管理人员双重身份，实行专业技术职务（职称）评审单列计划等

三、组织员的主要工作职责

根据组织员制度的内涵和各地长期的工作实践，在高校党委的领导下，组织员的主要职责是：

（一）做好发展党员工作

1. 制定科学的发展党员工作计划

组织员要认真贯彻发展党员工作的总要求，在党委的领导下，围绕党在不同时期的中心任务，每年对入党积极分子队伍进行分析，结合上级要求等实际情况，以利于改善党员队伍的结构、提高党员队伍的整体素质为原则，制定科学、合理、切实可行的发展党员工作计划。

2. 加强入党积极分子队伍建设、培养和管理

组织员要指导基层党组织做好壮大入党积极分子队伍的工作，加强对入党积极分子的培养教育，严格审查发展对象，做好预备党员的教育、考察和转正的有关工作。

一是教育和引导广大人民群众吸引到党的周围，特别是做好优秀团员作为党的发展对象的推荐工作，帮助团组织完善"推优"工作程序，扎实开展

推优工作，切实加强积极分子队伍建设。

二是要指导基层党组织坚持"发展党员，必须把政治标准放在首位"的原则。按照《中国共产党发展党员工作细则》的规定，对发展对象要进行政治审查。

三是组织员应协助和指导基层党组织加强对预备党员的教育和管理，通过入党介绍人继续培育、党支部定期考察、分配一定工作任务等，发现预备党员存在问题和不足，及时进行提醒、教育和帮助。在预备期满时，指导基层党组织及时办理预备党员的转正手续。对没有及时提出转正申请的预备党员，要及时了解情况，进行必要的提醒。

3.严格履行发展党员手续、开展经常性检查

组织员要严格履行发展党员手续，确保每步程序落实到位、材料填写实事求是，防止和纠正发展党员工作中的不正之风。要经常性检查发展党员工作情况，发现存在问题及时解决，总结推广好的工作经验，不断提高发展党员工作水平。一是严把党员队伍"入口关"，认真检查发展党员过程及材料，防止不合格的人进入党内，保证新党员质量。二是抓好典型，总结推广好的经验，通过深入一线，发现典型、培养典型，总结经验、推广经验，把发展党员工作不断提高到新水平。

（二）做好党员的教育、管理工作

组织员主要的工作职责是做好发展党员工作，但也肩负着做好党员教育和管理工作的责任。

1.做好党员教育工作

组织员要对广大党员开展经常性教育。与有关部门协调形成教育合力，指导基层党组织根据党的基本路线和中心任务，结合本单位的实际，制定好党员教育工作计划，保证党员教育工作紧跟时代步伐，围绕大局进行，为党的中心工作服务。协同有关部门了解和分析党员的思想状况分析，向有关党组织提出加强和改进党员教育工作的意见和建议，使党员教育工作更加符合实际，更有针对性。

2. 做好党员管理工作

根据《中国共产党章程》的规定，党员管理的基本任务主要是：引导党员严格履行义务，保障党员充分行使权利。在党员管理工作中，组织员应协调好所涉及的各单位，发挥各单位作用，共同做好党员管理工作；组织员应深入基层、加强沟通，及时了解有关单位的党员管理情况，听取他们的意见，根据真实情况，及时向党委反映并提出意见和建议，为党委当好参谋。协助基层党组织建立健全党的组织生活制度、民主评议党员制度等，支持和帮助基层党组织积极探索，开展丰富多彩的活动，提高党组织活动的质量，指导并做好组织关系转接、党费管理等具体工作。

3. 学校党委组织员指导下级党委组织员工作

学校党委组织员担负着对下级党委组织员工作指导的责任，实际工作中，学校党委组织员要加强对下级党委组织员的业务工作指导，保证党的路线、方针和政策贯彻落到实处，保证发展党员和党员管理的各项具体政策落到实际工作中。学校党委组织员对下级党委组织员的工作进行督促检查，定期组织下级党委组织员学习培训，提高组织员的政治素质和业务素质。学校党委组织员要如实向有关党组织反映下级党委组织员的工作和表现情况，也可以提出自己的意见和建议。

4. 承担和完成党委交给的其他工作任务

结合工作实际，学校各组织员要完成党委交给的其他工作任务。

（三）组织员的素质要求和基本条件

组织员应该按照《党政领导干部选拔任用工作条例》中的选拔任用条件来要求，应当具备党政领导干部的六条基本条件。从组织员的实际工作出发，一般来说，组织员应当具备下列素质要求、基本资格和基本条件：自觉坚持以马克思列宁主义、毛泽东思想、邓小平理论、"三个代表"重要思想、科学发展观、习近平新时代中国特色社会主义思想为指导，努力用马克思主义的立场、观点、方法分析和解决实际问题，坚持讲学习、讲政治、讲正气，在思想上政治上行动上同党中央保持高度一致，经得起各种风浪考验。

具有共产主义远大理想和中国特色社会主义坚定信念，坚决执行党的基本路线和各项方针、政策，立志改革开放，献身现代化事业，在社会主义建设中艰苦创业，树立正确政绩观，做出经得起实践、人民、历史检验的实绩。熟悉党的建设理论和党的组织工作业务，具有一定的从事党务工作的经历。要有良好的作风，能够公道正派，坚持原则，联系群众，严于律己。

第二部分 做好发展党员工作

一、制定落实发展党员工作计划

认真贯彻发展党员工作的总要求，围绕党在不同时期的中心任务，根据党员队伍建设的实际需要和入党积极分子队伍的成熟情况，科学制定和实施发展党员工作计划。

组织员要认真学习习近平新时代中国特色社会主义思想，学习党的理论和路线方针政策，深刻领会精神实质，并在深入调查研究的基础上，就如何在本学校和本单位的发展党员工作中贯彻好党的理论和路线方针政策提出切实可行的意见，给党委当好参谋。

（一）制定发展党员计划要把握好三个原则

1. 质量第一原则。发展党员质量问题是制定发展党员工作计划时必须考虑的首要问题，也是最核心的问题。如果我们发展的党员质量不高，就会影响党的纯洁性和先进性，还可能留下隐患给党造成不应有的危害。

2. 统筹兼顾原则。制定发展党员工作计划坚持统筹兼顾，既要突出重点又要兼顾一般。切实加强在高知识群体和青年教师中发展党员工作，注重在大学生低年级群体发展党员。同时兼顾其他群体党员发展工作，防止出现党员队伍结构分布不合理的问题。

3. 数量均衡原则。发展党员的数量每年大致均衡，防止出现发展党员数量大起大落的现象，可根据单位人数变化适当调整，防止出现发展党员数量忽高忽低的问题。

（二）制定发展党员计划要采取自下而上、上下结合的方法

自下而上，即根据党支部入党积极分子队伍的成熟情况，提出初步的发展党员工作计划，同时结合上级党组织的指导性意见，经过周密的综合分析，确定年度发展计划并逐级上报，形成初步的发展党员工作计划。

上下结合，学校党委在充分考虑党支部逐级上报的初步发展计划的基础上，把突出重点和优化结构结合，把需求和可能性结合起来，使发展党员工作计划更加满足党员队伍建设的需要，真正做到有领导有计划地发展党员。

制定科学的发展党员计划是工作的基础，重要的是执行好落实好计划。组织员要协助党委通过正确实施发展党员工作计划，保证发展党员工作的顺利进行。组织员作为工作计划的具体承办者，要增强执行计划的责任感，将计划落实到每个支部、每个学期，保证发展党员工作落实落细。同时加强过程督促和指导，及时发现和解决发展党员过程中的突出问题，严格发展党员程序，注重考察培育，确保发展党员的质量。

二、明确发展党员工作程序

根据《中国共产党章程》（中国共产党第二十次全国代表大会部分修改，2022 年 10 月 22 日通过）、《中国共产党发展党员工作细则》（中共中央办公厅 2014 年 5 月 28 日印发）和有关规定，发展党员工作基本程序如下：

发展党员工作基本程序

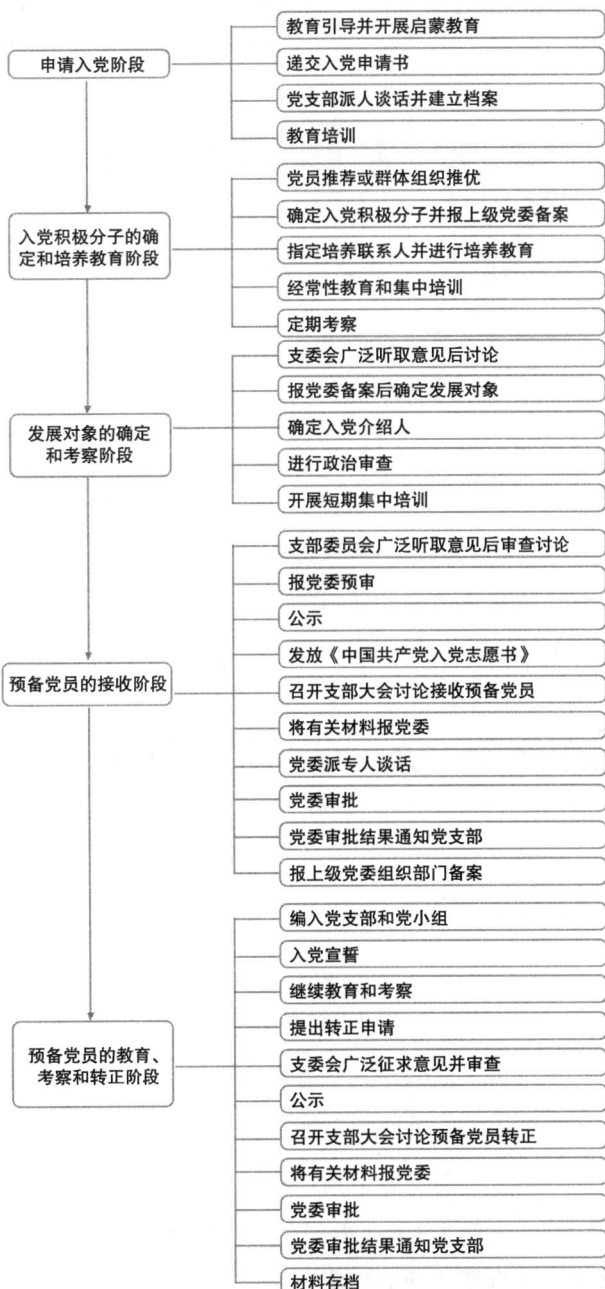

```
                              ┌─────────────────────────┐
                              │  教育引导并开展启蒙教育   │
                              ├─────────────────────────┤
            ┌───────────┐     │    递交入党申请书         │
            │ 申请入党阶段 │─────┤                         │
            └───────────┘     │ 党支部派人谈话并建立档案   │
                              ├─────────────────────────┤
                              │      教育培训             │
                              └─────────────────────────┘

                              ┌─────────────────────────┐
                              │  党员推荐或群体组织推优   │
                              ├─────────────────────────┤
            ┌───────────┐     │ 确定入党积极分子并报上级党委备案 │
            │入党积极分子的确│────┤                         │
            │定和培养教育阶段│    │ 指定培养联系人并进行培养教育 │
            └───────────┘     ├─────────────────────────┤
                              │  经常性教育和集中培训     │
                              ├─────────────────────────┤
                              │      定期考察             │
                              └─────────────────────────┘

                              ┌─────────────────────────┐
                              │  支委会广泛听取意见后讨论  │
                              ├─────────────────────────┤
            ┌───────────┐     │ 报党委备案后确定发展对象   │
            │发展对象的确定│────┤                         │
            │和考察阶段    │    │   确定入党介绍人          │
            └───────────┘     ├─────────────────────────┤
                              │    进行政治审查           │
                              ├─────────────────────────┤
                              │  开展短期集中培训         │
                              └─────────────────────────┘

                              ┌─────────────────────────┐
                              │ 支部委员会广泛听取意见后审查讨论 │
                              ├─────────────────────────┤
                              │      报党委预审           │
                              ├─────────────────────────┤
                              │        公示               │
                              ├─────────────────────────┤
            ┌───────────┐     │ 发放《中国共产党入党志愿书》 │
            │预备党员的接收│────┤                         │
            │阶段          │    │ 召开支部大会讨论接收预备党员 │
            └───────────┘     ├─────────────────────────┤
                              │   将有关材料报党委        │
                              ├─────────────────────────┤
                              │    党委派专人谈话         │
                              ├─────────────────────────┤
                              │      党委审批             │
                              ├─────────────────────────┤
                              │ 党委审批结果通知党支部     │
                              ├─────────────────────────┤
                              │ 报上级党委组织部门备案     │
                              └─────────────────────────┘

                              ┌─────────────────────────┐
                              │   编入党支部和党小组      │
                              ├─────────────────────────┤
                              │      入党宣誓             │
                              ├─────────────────────────┤
                              │   继续教育和考察          │
                              ├─────────────────────────┤
                              │    提出转正申请           │
                              ├─────────────────────────┤
            ┌───────────┐     │ 支委会广泛征求意见并审查   │
            │预备党员的教育、│────┤                         │
            │考察和转正阶段 │    │        公示               │
            └───────────┘     ├─────────────────────────┤
                              │ 召开支部大会讨论预备党员转正 │
                              ├─────────────────────────┤
                              │   将有关材料报党委        │
                              ├─────────────────────────┤
                              │      党委审批             │
                              ├─────────────────────────┤
                              │ 党委审批结果通知党支部     │
                              ├─────────────────────────┤
                              │      材料存档             │
                              └─────────────────────────┘
```

备注：

"党委"是指具有发展党员审批权限的学校党委或院（系）级单位党委。

"党总支"不具有发展党员审批权限，其所辖党支部发展党员的，在入党积极分子备案、发展对象备案、预备党员预审、预备党员审批、预备党员转正审批等环节中，在报上级党委前，均须经党总支提前把关；在预备党员审批前，党总支要对支部大会通过接收的预备党员进行审议；上报上级党委的有关材料，也均须经党总支提前把关。

三、准确掌握发展党员各阶段工作

（一）申请入党阶段——步骤及内容

1.教育引导开展入党启蒙教育

坚持早启发、早引导、早选苗、早培养，及时对入校非党员新生、教师开展入党启蒙教育，提高党外群众对党的认识，增强加入中国共产党的积极性。需要注意的是：

（1）启蒙教育的内容以宣传党的政治主张，介绍党的基本知识、入党条件、入党程序、入党申请书如何填写等为主。

（2）启蒙教育要以引导、启发为主，不能采取说服、动员的方式，使其在非自愿的情况下向党组织提出入党申请。

（3）启蒙教育的形式是丰富多样的，可以参考如下形式：结合军训教育、入学教育开展启蒙，党组织书记讲专题党课，建立"宿舍领航员"开展一对一引导帮扶等。

2.递交入党申请书

师生自愿向党组织（一般为党支部）递交入党申请书。需要注意的是：

（1）入党申请人应为年满18周岁的中国公民。

（2）入党申请书一般由本人提出书面申请。

（3）入党申请书落款的时间，即为本人申请入党的时间。

（4）接收到入党申请书后，党支部应及时审查。

入党申请书的基本格式及要求见第四部分（【附件1】）

3.党支部派人谈话并建立档案

收到入党申请书后，党支部应当在一个月内同入党申请人谈话，为符合条件的入党申请人建立发展党员档案。需要注意的是：

（1）与入党申请人谈话的一般为党支部书记、副书记或组织委员。

（2）谈话内容是介绍党的基本知识，说明入党的条件、要求、程序等，了解其入党动机等。

（3）谈话的过程内容要进行记录。

（4）为符合条件的入党申请人建立发展党员档案，将入党申请书、谈话记录等放入档案。

与入党申请人谈话记录单见第四部分（【附件2】）

4. 对入党申请人教育和培训

党委或党委组织部门加强入党申请人的教育，坚定理想信念、端正入党动机，不断扩大入党积极分子队伍。培训形式可以参考以下做法：

开设党的基本知识校级选修课，将成绩计入大学生学分。

（1）培训环节包括理论知识学习、交流研讨、社会实践、心得撰写等环节。

（2）培训学时不低16学时。

（3）培训合格的学员可计1—2学分，同时发放培训合格证书。

（4）优秀学员作为团组织推优的重点考察对象。

5. 党员E先锋[①]"党员发展全程记实"操作

登录北京市基层党建综合管理平台，及时在线上对发展党员的流程进行记录，确保线上与线下材料同步。申请入党阶段主要涉及入党申请人本人、党支部上传材料。

（1）党支部通过"新发展用户"，为入党申请人建立账户。

（2）入党申请人通过党员E先锋微信小程序，登录账户，上传"入党申请书"等。

（3）党支部及时上传"谈话记录"。

注意：所涉及的相关材料可通过对线下材料拍照形式上传。

---

① "党员E先锋"系北京市委组织部的小程序。

（二）申请入党阶段——常见问题

1. 对未满 18 周岁申请入党问题？

未满 18 周岁提出入党申请的，党组织应肯定其入党意愿，做好解释，待满 18 周岁之后再向党组织提交入党申请书。

未满 18 周岁已经提交入党申请书的，不予承认。

2. 什么时间提交入党申请书？

年满 18 周岁的中国公民，可以在启蒙教育后统一提交，也可以随时向党组织提交入党申请书。

3. 是否需要经常性提交入党申请书？

入党申请人不必经常写入党申请书，平时可以采取书面或口头的形式向党组织汇报思想。

4. 可否接纳信仰宗教的人入党？

中国共产党党员只能信仰共产主义，不得信仰宗教，信仰宗教的人或有浓厚宗教感情的人不能发展入党。

对曾经有宗教信仰而要求入党的人，要严格把关，不能轻易发展。

（三）入党积极分子的确定和培养教育阶段——步骤及内容

1. 党员推荐或群团组织推优

在入党申请人中确定入党积极分子，应当采取党员推荐、群团组织推优等方式产生人选，提交支部委员会研究确定。

28 周岁以下青年学生确定入党积极分子，原则上采取团组织推优的方式产生人选。

无论是党员推荐还是群团组织推优，本人必须已递交入党申请书，并且党组织已派人与其谈话。另外，团组织推优，需要注意的是：

（1）团组织推优对象应有 1 年以上的团龄，"推优"的比例一般不超过团支部团员人数的 20%，每次推荐有效期为 2 年。

（2）"推优"人选由团支部大会采取无记名投票形式确定，在进行不少于 5 个工作日的公示后，报上级团组织审核。上级团组织将符合条件的人选，推荐给党支部。

团组织推推荐优秀团员作入党积极分子审核表见第四部分（【附件 3】）

2. 确定入党积极分子

党支部根据党员推荐、群团组织推优的情况召开支部委员会（不设支部委员会的，召开支部大会）对推荐情况进行研究，确定入党积极分子。

党支部吸收入党积极分子的决议见第四部分（【附件 4】）

3. 报上级党委备案

党支部确定入党积极分子后，及时将有关情况向上级党委备案，党委备案结果及时通知党支部。

××年入党积极分子向上级党委备案说明及登记表见第四部分（【附件 5】）

4. 指定培养联系人并进行培养教育

党组织应当指定一至两名正式党员作入党积极分子的培养联系人。需要注意的是：

（1）培养联系人一般由经过一定时间党内生活锻炼、能够用党员标准严格要求自己、先锋模范作用发挥得比较好的正式党员担任。

（2）培养联系人，应当由党组织指定而非入党积极分子约请。

（3）培养联系人每季度对入党积极分子进行考察，形成书面考察意见。

（4）党支部应对培养联系人进行培训，提高其思想认识和工作能力。

5. 开展经常性教育和集中培训

党组织对入党积极分子的培养教育工作，要有组织、有计划，通过培养联系人帮助引导、吸收其听党课、参加支部活动、分配一定社会工作、进行集中培训等多种形式，开展经常性的培养和教育。

其中，开展集中培训需要注意的是：

（1）培训由党委或党委组织部门统一组织，不可用自学或分散学习代替集中培训。

（2）培训时间一般不少于三天（或不少于 24 学时）。

（3）顺序上，先确定入党积极分子，后组织集中培训。

（4）培训不合格的入党积极分子，不能发展入党。

培养联系人的主要任务见第四部分（【附件6】）

6. 对入党积极分子定期考察

入党积极分子要经常通过口头或书面形式向党支部汇报思想，一般每季度提交一份思想汇报；培养联系人定期与入党积极分子开展谈话，每个季度形成书面考察意见；党支部每半年对入党积极分子考察一次，形成书面考察意见；上级党委每年对入党积极分子队伍状况作一次分析，针对存在的问题，采取改进措施。

另，设有党小组的，要协助党支部对入党积极分子开展教育、培养和考察。

思想汇报的格式及注意事项见第四部分（【附件7】）

7.《入党积极分子培养考察登记表》发放和填写

确定入党积极分子后，发放并填写《入党积极分子培养考察登记表》，需要注意的是：

（1）考察表的填写：一般由本人、培养联系人、党小组、党支部、党总支、上级党委分别填写（不设党小组、党总支的可不填）。

（2）填写选用黑色或蓝黑色签字笔，字迹清楚，不可随意涂改。

（3）填写内容与落款人笔迹一致。

（4）考察表由党支部统一保管。

入党积极分子培养考察登记表见第四部分（【附件8】）

8. 党员E先锋"党员发展全程记实"操作

登录北京市基层党建综合管理平台，及时在线上对发展党员的流程进行记录，确保线上线下材料同步。入党积极分子确定阶段主要涉及入党申请人本人、培养联系人、党支部上传材料。

（1）党支部及时上传"推荐推优情况记录""支委会决议""确定积极分子并备案"。

（2）备案后，党支部将"培养联系人"情况填入系统。

（3）备案后，入党积极分子按每季度一次上传"思想汇报"。

（4）党支部每季度一次上传培养联系人"教育培养意见"，每半年一次上传"支部考察意见"。

注意：所涉及的相关材料可通过对线下材料拍照形式上传。

（四）入党积极分子的确定和培养教育阶段——常见问题

1. 入党积极分子的认定时间

入党积极分子人选由支部委员会（不设支部委员会的由支部大会，下同）研究决定，并报上级党委备案。

备案通过后，支部委员会的召开时间即为确定入党积极分子的时间。

2. 群团组织是指哪些组织？

群团组织主要指共青团、工会、妇联等组织。

群团组织推优，主要指共青团、工会、妇联等组织按照党组织要求，向党组织推荐优秀分子作为入党积极分子人选的工作。

3. 大于 28 周岁的青年入党推优方式？

年满 28 周岁的青年，没有在团内担任职务，不再保留团籍，不再适用共青团组织推优，可以采用党员推荐、其他群团组织推优的方式。

4. 从提交入党申请书到积极分子的时间要求？

《中国共产党发展党员工作细则》未对从提交入党申请书到积极分子确定需要多长时间，党支部可根据具体情况，吸纳优秀的师生成为入党积极分子。

5. 如何做好新转来的入党积极分子接续培养工作？

对新转来的入党积极分子，所在党支部要及时检查其入党材料、开展谈话、审查各方面情况，对手续齐全的入党积极分子报上级党委同意后，予以接续培养，重新指定 1—2 名培养联系人。

6. 如何做好毕业生入党积极分子继续培养工作？

党支部配合上级党委及时将毕业生入党积极分子培养考察材料进行整理归档，确保材料完整、手续齐全；在入党积极分子离校前，进行组织纪律、党性观念教育。可以参考党组织书记与入党积极分子开展"离别谈话"的形式等，教育入党积极分子将培养考察材料及时转交到新的党组织，继续积极向党组织靠拢。

（五）发展对象的确定和考察阶段——步骤及内容

1. 确定发展对象的基本条件

入党积极分子确定为发展对象之前，应具备以下条件：

（1）入党积极分子要经过一年以上的培养教育和考察。

（2）本人对党有迫切要求、入党动机端正、基本具备党员标准。

（3）完成入党积极分子集中培训，并取得结业证书。

（4）无违纪情况。

2. 支部委员会广泛听取意见后讨论

在听取入党积极分子党小组、培养联系人、党员和群众意见的基础上，支部委员会讨论提出发展对象人选。支委会讨论时应注意：

（1）听取意见可以采取调查问卷、个别谈话、座谈了解等方式。

（2）党员和群众意见、培养联系人意见、党小组意见填入《入党积极分子培养考察登记表》（不设党小组的可不填）。

（3）召开支部委员会（不设支委会的召开党员大会）充分讨论后提出发展对象人选。

讨论之前可以通过组织答辩，结合听取意见情况、日常表现、学习工作成绩等多角度、综合考察入党积极分子，便于党支部提出合格的发展对象人选。

入党积极分子被确定为发展对象前征求党员、群众意见表见第四部分（【附件9】）

关于讨论确定发展对象人选的决议见第四部分（【附件10】）

3. 报党委备案后确定发展对象

党支部向上级党委提起备案申请，党委对发展对象的条件、培养教育情况等进行审查，备案通过后，可列为发展对象。备案结果及时通知党支部。

备案时应注意：

（1）党支部要将发展对象人选的基本情况、听取意见情况、支委会或党员大会讨论情况等一并向上级党委说明。

（2）上级党委对党支部报送的发展对象人选情况进行审查、集体研究后提出备案意见。

（3）备案通过后，方可列为发展对象。

上级党委备案同意的时间即为发展对象的确定时间。

（4）备案不通过的，党支部必须坚决执行党委决定，做好有关人员思想工作。

设有党总支的，党总支应对党支部提出的发展对象人选提前审议。

××年发展对象人选向上级党委备案说明及登记表见第四部分（【附件 11】）

报送上级党委备案材料目录见第四部分（【附件 12】）

4. 确定入党介绍人

发展对象应当有两名正式党员作入党介绍人。入党介绍人一般由培养联系人担任，也可由党组织指定。需要注意的是：

（1）入党介绍人必须是正式党员、必须为两名。

（2）入党介绍人一般由发展对象所在党支部正式党员担任，特殊情况下，也可由其上级党组织范围内的其他支部正式党员担任。

（3）入党介绍人是由党组织指定的，要经本人同意，不能硬性指派。

（4）入党介绍人不能由发展对象自己约请。

（5）一名正式党员不宜同时做多名发展对象的入党介绍人。

入党介绍人的主要任务见第四部分（【附件 13】）

5. 进行政治审查

党组织必须对发展对象进行政治审查。凡是未经政治审查或政治审查不合格的，不能发展入党。需要注意的是：

（1）政治审查的基本方法：同本人谈话、查看个人自传、查阅有关档案材料、找有关单位和人员了解情况以及必要的函调或外调，情况清楚的可不函调或外调。凡函调能解决的，一般不再外调。

（2）函调或外调的对象：直系亲属和与本人关系密切的主要社会关系。

（3）直系亲属：一般指其父母、配偶、子女、抚养其长大的养父母或其抚养的养子女。

（4）关系密切的主要社会关系：一般指在政治上或经济上与其联系密切影响较大的旁系亲属，如祖父母、外祖父母、兄弟、姐妹等。

（5）政治审查结束后要形成结论性材料。

个人自传撰写说明见第四部分（【附件 14】）

政治审查函调信见第四部分（【附件 15】）

政审调查证明材料见第四部分（【附件 16】）

关于××的综合性政治审查报告见第四部分（【附件 17】）

6. 开展短期集中培训

党委或党委组织部门应当对发展对象进行短期集中培训。培训时间一般不少于三天（或不少于 24 学时）。未经培训的，除个别特殊情况外，不能发展入党。需要注意的是：

（1）顺序上，先确定发展对象，后组织集中培训。

（2）培训不合格的发展对象，不能发展入党。

（3）对培训考核合格的发展对象，发放结业证书。

（4）培训考核合格但一年内未吸收为预备党员的发展对象，应组织其重新参加培训并考核。

7. 党员 E 先锋"党员发展全程记实"操作

登录北京市基层党建综合管理平台，及时在线上对发展党员的流程进行记录，确保线下线上材料同步。发展对象确定阶段主要涉及入党申请人本人、培养联系人、党支部、上级党委上传材料。

（1）党支部及时上传"培养联系人确认意见""党员群众意见""党小组意见"（不设党小组的，进行情况说明）"支委会上报意见"，最后提交"确定前备案"。

（2）上级审查通过后，对提交的备案申请进行"确定发展对象审批"。

（3）党支部将"入党介绍人"情况填入系统。

注意：所涉及的相关材料可通过对线下已有材料拍照形式上传。

（六）发展对象的确定和考察阶段——常见问题

1. 发展对象的认定时间

发展对象人选只有报上级党委备案同意后，才可列为发展对象。设有党总支的，党总支要提前审查，通过后再报上级党委备案。上级党委备案同意的时间，即为确定发展对象的时间。

2. 入党介绍人和培养联系人的区别

入党介绍人和培养联系人的任务从总体上讲是一致的。他们都是为了协助党组织，做好对入党申请人的教育、培养和考察工作。在具体任务上有所不同。

培养联系人具体任务：对入党积极分子的培养考察；向党支部提出是否将入党积极分子列为发展对象的意见。

入党介绍人具体任务：对发展对象、预备党员的培养考察；在《中国共产党入党志愿书》填写对发展对象的意见。

3. 入党介绍人的如何变更

因发展对象、预备党员党组织关系转接到新的单位，入党介绍人无法继续履行职责的，或党组织认为入党介绍人不认真履行职责的，党组织要及时更换入党介绍人，并向发展对象、预备党员和本支部其他党员说明情况。

因工作单位变动，原入党介绍人可以继续履行职责的，可不更换入党介绍人。

4. 直系亲属和与本人关系密切的主要社会关系主要指哪些人

直系亲属，一般指本人的父母、配偶、子女，自由抚养其长大的养父母和由其抚养的养子女。

关系密切的主要社会关系，一般指在政治上、思想上、生活上与本人有密切联系的旁系亲属。如祖父母、外祖父母、兄弟、姐妹、岳父母（公婆）等等。

5. 党总支是否可以发起函调或外调

函调或外调材料须由县、处、团（或相当于这一级）以上党委盖章发起，方为有效。

6. 入党介绍人在《中国共产党入党志愿书》中如何填写意见

入党介绍人应本着对党、对发展对象高度负责的态度，实事求是填写：

（1）对发展对象的基本评价。

（2）指出发展对象的缺点、不足及努力方向，不要以"希望""赠言"

方式代替。

（3）表明自己对其能否入党的态度。

另外，入党介绍人在支部大会表明自己对发展对象意见时，不能弃权或投不赞成票。

7. 发展对象短期集中培训结业证书的时效性

发展对象按要求参加短期集中培训，考核合格后一年内未被接收为预备党员的发展对象，党组织吸收其入党前，应组织他们重新参加短期集中培训并考核合格。

8. 确定发展对象和参加短期培训的先后关系

短期培训是为了强化对发展对象的教育，是发展党员工作程序中的一项重要环节，只有履行完前面的程序，才能进入短期集中培训这个环节。所以，在报上级党委备案同意后才能参加短期培训。

（七）预备党员的接收阶段——步骤及内容

1. 支部委员会审查并集体讨论

支部委员会应当对发展对象进行严格审查，经集体讨论认为合格后，报具有审批权限的基层党委预审。需要注意的是：

（1）支委会会前需广泛征求党员和群众的意见。

（2）支委会审查通过后，报上级党委预审。

（3）设有党总支的，先经党总支审查通过后报上级党委预审。

拟接收为中共预备党员前征求党员、群众意见表见第四部分（【附件18】）

支部委员会（或党员大会）对发展对象的审查决议见第四部分（【附件19】）

2. 上级党委对发展对象进行预审

党委对发展对象的条件、培养教育情况等进行审查，审查结果以书面形式通知党支部。审查主要内容：

（1）入党材料是否齐全、清楚。

（2）是否经过一年以上的培养和考察。

（3）政治审查是否合格。

（4）短期集中培训是否合格。

（5）党员和群众意见反映是否好。

（6）入党信念是否坚定、入党动机是否端正。

（7）学习、工作等各方面是否表现突出。

需要注意的是：

（1）预审的形式原则上经党委会讨论。

（2）预审的时间一般在党支部上报材料后一个月内完成。

（3）预审不合格的党员不能发放《中国共产党入党志愿书》。

（4）发展对象未来三个月内将离开工作、学习单位的，一般不办理接收预备党员的手续。毕业学期学生不办理接收预备党员的手续。

报送上级党委预审材料目录（预审发展对象）见第四部分（【附件 20】）

3. 公示

经上级党委预审合格的发展对象，进行公示，公示通过后向发展对象发放《中国共产党入党志愿书》。需要注意的是：

（1）有党员发展权限的基层党委组织实施公示，加盖公章。

（2）公示期不少于 5 个工作日。

（3）公示到期后要有公示结果。

关于拟接收 ×× 同志为中共预备党员的公示书见第四部分（【附件 21】）

关于 ×× 同志的公示结果情况见第四部分（【附件 22】）

×× 党委对发展对象预审结果的通知见第四部分（【附件 23】）

4. 发放《中国共产党入党志愿书》

（1）《入党志愿书》一书一编码，基层党委向党委组织部登记后领取并发放给相关党支部。

（2）入党介绍人指导发展对象填写《入党志愿书》，并认真填写意见。

（3）《入党志愿书》不可任意涂改。存在涂改问题的，要查明原因，根据实际情况，酌情处理。有非常明显涂改痕迹又无其他有效材料证明涂改正确，则《入党志愿书》无效。

《中国共产党入党志愿书》使用登记表见第四部分（【附件 24】）

中国共产党入党志愿书见第四部分（【附件 25】）

5. 召开支部大会讨论接收预备党员

经基层党委预审合格的发展对象，由支部委员会提交支部大会讨论，召开讨论接收预备党员的支部大会。需要注意的是：

（1）只有正式党员有表决权，支部正式党员不足 3 人，不能讨论接收预备党员。

（2）有表决权的到会人数必须超过应到会有表决权人数的 4/5，大会有效。

（3）大会采取无记名投票方式进行表决。

（4）赞成人数应超过应到会有表决权的正式党员的半数，通过接收预备党员决议。

（5）不能到场的有表决权的正式党员，会前提出书面意见，应统计在票数内。

（6）对发展对象应逐个讨论和表决。

（7）支部决议写入《入党志愿书》。

（8）组织员按要求列席会议。

接收预备党员的支部大会议程见第四部分（【附件 26】）

接收预备党员表决票汇总表见第四部分（【附件 27】）

支部大会通过接收申请人为预备党员的决议见第四部分（【附件 28】）

6. 将有关材料报党委

党支部应当及时将支部大会决议写入《入党志愿书》，连同入党申请书、政治审查材料、培养教育考察材料等，一并报党委审批。

报送上级党委审批材料目录（审批预备党员）见第四部分（【附件 29】）

7. 党委派专人谈话

在党委审批前，应当指派党委委员或组织员同发展对象谈话。需要注意的是：

（1）与发展对象谈话的党委委员或组织员应与发展对象所在党支部书记不是同一人。

（2）谈话的形式，应为一对一。

（3）谈话的时间，应在党员发展大会之后、党委审批之前这段时间。

8. 党委审批

党委对党支部上报的接收预备党员的决议进行审批。需要注意的是：

（1）审批时间，应在党支部上报后 3 个月内完成，如遇特殊情况，最长不超过 6 个月。

（2）党委必须集体讨论和表决，对发展对象逐个审议。表决方式投票和举手均可。

（3）审批意见填入《入党志愿书》，注明预备期起止时间。

（4）党总支不能审批预备党员，但应当对支部大会通过接收的预备党员进行审议。

9. 党委审批结果通知党支部

党委审批结果应当及时通知报批的党支部。党支部应当及时通知本人并在党员大会上宣布。对未被批准入党的，应当通知党支部和本人，做好思想工作。

党委对预备党员审批结果的通知见第四部分（【附件 30】）

10. 报上级党委组织部门备案

审批结果及时通知报批的党支部，党支部及时通知本人和党员。同时将审批结果以书面形式向上级党委组织部备案。

××年××党委接收预备党员备案说明及名册见第四部分（【附件 31】）

11. 党员 E 先锋"党员发展全程记实"操作

登录北京市基层党建综合管理平台，及时在线上对发展党员的流程进行记录，确保线下线上材料同步。预备党员接收阶段主要涉及入党申请人本人、入党介绍人、党支部、上级党委上传材料。

（1）入党申请人在确定发展对象后，每季度上传一次"思想汇报"。

（2）党支部及时上传 2 名入党介绍人的"教育培养意见""支部考察意见""政审情况""培训情况""支委会上报备案意见""报党委预审"。

（3）上级党委审查后，进行"确定预备党员预审"。

（4）党支部接到党委预审意见后，上传"公示情况"。

（5）上级党委审查后，进行"确定公示情况审批"，"填入入党志愿书编号"。

（6）党支部及时上传"支部大会会议记录"，"报党委审批"。

（7）基层党委审查后，上传谈话记录，进行"确定预备党员审批"。

（8）审批通过后，党支部及时上传"入党宣誓"情况。

注意：所涉及的相关材料可通过对线下已有材料拍照形式上传。

12. 党员 E 先锋"党员信息管理"维护

经党委审批确定的预备党员，同时进入"党员信息管理"，党支部及时对该同志的信息进行完善。

（八）预备党员的接收阶段——常见问题

1. 预备党员预备期的起止时间

预备党员的预备期为一年，从支部大会通过其为预备党员之日算起。

2. 基层党委预审的时间要求

基层党委接到党支部上报的预审材料后，一般在一个月内完成预审。

3. 从发展对象到讨论接收预备党员的时间要求

基层党委预审发展对象合格后，党支部一般应在一个月之内提交支部大会讨论接收预备党员事宜。

4. 党员大会表决发展对象入党问题时，发展对象是否要回避？

不必回避。

5. 党支部未及时上报"接收预备党员"如何处理？

发展党员会后，党支部应及时将结果报上级党委审批。超过 3 个月未报送的，党支部应重新复议并报批；超过 6 个月报送的，要退回党支部重新办理入党手续。

重新办理入党手续包括支部委员会审查、上级党委预审、公示、重新填写《中国共产党入党志愿书》、提交支部大会讨论通过、报上级党委审批。

6. 上级党委指派专人谈话，都谈什么？

在发展党员会后，党委审批预备党员之前，要指派党委委员或组织员与发展对象进行谈话。

主要了解发展对象对党的认识、入党动机、党的基本理论掌握情况、积极要求入党的情况、优缺点等。并对发展对象进行基本知识教育、端正其入党动机，对存在的缺点和不足指出努力的方向。

7. 预备党员什么时候开始交党费、参加组织生活？

支部大会通过接收的预备党员，经过上级党委审批后才能生效。生效后，自支部大会通过其为预备党员之日开始交纳党费、参加组织生活。

8. 预备党员的权利和义务

在党的生活中，预备党员没有表决权、选举权和被选举权，除此之外，与正式党员相同。

另外，预备党员不能担任党内领导职务；参加党员民主评议，不宜评为"优秀"；不宜讲党课。

（九）预备党员的教育、考察和转正阶段——步骤及内容

1. 编入党支部和党小组

党支部及时将上级党委审批通过的预备党员编入党支部和党小组，参加组织生活，接受教育和考察。

2. 入党宣誓

预备党员面向党旗入党宣誓，是必经程序。需要注意的是：

（1）入党宣誓，由党委、党支部（党总支）组织举行，党小组不能组织。

（2）宣誓的时间，在上级党委批准其为预备党员后及时举行，不可转正后举行。

（3）领誓人一般由党组织书记担任。

（4）宣誓的场地，要选择正式场合。

3. 继续教育和考察

通过党的组织生活、听取本人汇报、个别谈心、集中培训、实践锻炼等方式，对预备党员进行教育和考察。加强对预备党员教育和考察，是保证新党员质量的重要环节，需要注意的是：

（1）考察期为一年，需要继续考察的，可以延长一次预备期。

（2）两名入党介绍人每个季度形成一次考察意见。

（3）党支部至少每半年形成一次考察意见。

（4）要丰富教育形式，可以参考党组织书记在入党宣誓环节，与党员共同签署"党委寄言卡"，增强仪式感，鞭策党员牢记"政治生日"，践行入党誓言。

预备党员教育考察登记表见第四部分（【附件32】）

4. 提出转正申请

预备期满前一周，预备党员主动向所在党支部提出书面转正申请和预备期总结。

预备党员转正申请书写说明见第四部分（【附件33】）

5. 支委会广泛征求意见并审查

支部委员会应当对预备党员进行严格审查，经集体讨论认为符合转正条件的，报支部大会进行讨论。需要注意的是：

（1）支委会会前需广泛征求党员和群众的意见。

（2）设有党小组的，党小组提前提出能否转正意见。

预备党员转正前征求党员、群众意见记录表见第四部分（【附件34】）

6. 公示

经支部委员会审查合格的预备党员，对拟讨论预备党员转正情况进行公示，需要注意的是：

（1）公示可由党支部会同上级党委组织实施，加盖公章。

（2）公示期不少于5个工作日。

（3）公示后要有公示结果。

关于拟同意××同志转为中共正式党员的公示书见第四部分（【附件35】）

关于××同志转为中共正式党员的公示结果情况见第四部分（【附件36】）

7. 召开支部大会讨论预备党员转正

预备党员预备期满，党支部应当及时讨论其能否转为正式党员。需要注意的是：

（1）讨论预备党员转正的支部大会与讨论接收预备党员的支部大会的到会人数、表决方式、赞成票数等要求相同。

（2）预备党员必须参加讨论本人转正的支部大会。

（3）具备党员条件的，应按期转正。

（4）需要继续考察的，可延长预备期一次，延长时间不少于半年、不长于一年。

（5）不具备党员条件，取消党员资格。

（6）对其他党组织转入的预备党员，经支部委员会讨论后可推迟讨论其转正问题，推迟时间不超过六个月，符合转正条件的，转正时间自预备期满之日算起。

（7）支部决议写入《入党志愿书》。

讨论预备党员转正的支部大会议程见第四部分（【附件 37】）

预备党员转正表决票及汇总表见第四部分（【附件 38】）

支部大会同意预备党员能否转为正式党员的决议见第四部分（【附件 39】）

8. 将有关材料报党委

党支部应当及时将《入党志愿书》及预备党员转正材料报上级党委审批。

对延长预备期或取消预备党员资格的情况，提交相关说明材料。

报送上级党委审批材料目录（审批预备党员转正）见第四部分（【附件 40】）

9. 党委审批

党委对党支部上报的预备党员转正决议进行审批。需要注意的是：

（1）审批时间，应在党支部上报后三个月内完成。

（2）党委必须集体讨论和表决，对预备党员进行逐个审议。

（3）审批意见填入《入党志愿书》，注明党龄起算时间，通知党支部。

（4）党总支不能审批预备党员，但应当对支部大会通过接收的预备党员进行提前审议。

10. 审批结果通知党支部

审批结果及时通知党支部。党支部书记应当同本人谈话，并将审批结果在党员大会上宣布。

党员的党龄，从预备期满转为正式党员之日算起。

11. 材料存档

党支部及时将正式党员入党申请书、政治审查材料、转正申请书和培养教育考察材料、《中国共产党入党志愿书》交党委存入本人人事档案。无人事档案的，建立党员档案，由所在党委或县级党委组织部门保存。

发展党员材料（存档目录）见第四部分（【附件41】）

12. 党员E先锋"党员发展全程记实"操作

登录北京市基层党建综合管理平台，及时在线上对发展党员的流程进行记录，确保线下线上材料同步。预备党员考察和转正阶段主要涉及预备党员本人、入党介绍人、党支部、上级党委上传材料。

（1）预备党员按每季度一次上传"思想汇报"，转正前上传"转正申请"。

（2）党支部及时上传2名入党介绍人的"教育考察情况"。

（3）党支部及时上传"入党介绍人转正意见""党小组转正意见"（不设党小组的，进行情况说明）"党员群众转正意见""支部大会会议记录"，最后"报党委审批"。

（4）基层党委审查后，提交"预备党员转正审批"。

注意：所涉及的相关材料可通过对线下已有材料拍照形式上传。

13. 党员E先锋"党员信息管理"维护

经党委审批按期转正的党员，党支部及时进入"党员信息管理"，对该同志的信息进行更新。

（十）预备党员的教育、考察和转正阶段——常见问题

1. 党员的党籍和党龄

党籍，指党员的资格，从入党之日起，即吸收为预备党员就取得了党籍；党龄，从转为正式党员之日算起。

2. 预备党员转正什么情况适用"推迟讨论"

党员组织认为有必要进一步考察预备党员，在其预备期满时，可以推迟讨论其转正问题，常见情况：

（1）其他党组织转入的预备党员，在其预备期满时，可推迟讨论其转正

问题。

（2）预备党员在预备期内因工作、学习、生活离开所在党支部超过 3 个月少于 6 个月，可推迟讨论其转正问题。

（3）预备党员因故或身体原因不能按时参加的，可推迟讨论其转正问题。

另，推迟讨论不影响预备党员转正时间，符合党员条件的，可按期转正。

3. "延期转正"的预备党员的党龄计算

被延长预备期的党员，党龄自延长预备期满后，转为正式党员之日算起。

4. 不能用"推迟讨论"的方式来延长预备期

预备党员预备期满后，党支部应及时讨论其能否转为正式党员，不完全符合党员条件的可以延长预备期，但不能通过推迟其讨论时间的办法来延长预备期。

5. 召开支部党员大会讨论预备党员转正问题的时间

党支部在预备党员期满、收到转正申请 1 个月内及时召开党员大会，不必转正日当天召开。如遇特殊情况，最长不超 3 个月。

预备党员的转正时间，按预备期满之日算起。

6. 预备党员出国（境）学习、工作，其预备期的计算

预备党员出国（境）学习、工作，未加入外国国籍，无法在国（境）外办理转正手续的，回国后本人向党支部提交"恢复预备期申请"。预备期自提交书面申请之日起，1 年时间考察，符合党员条件的，办理转正手续。

第三部分　做好党员教育和管理工作

一、做好党员的教育和管理

高校党委专职组织员应配合党委做好党员的教育和管理工作。党员的教育和管理应遵循党中央对党员教育管理的原则，明确基本任务、方式和途径等，抓好党员的教育培训工作并做好组织保障。

新时代党员教育管理工作的总体要求是：以马克思列宁主义、毛泽东思想、邓小平理论、"三个代表"重要思想、科学发展观、习近平新时代中国特色社会主义思想为指导，落实新时代党的建设总要求和新时代党的组织路线，坚持教育、管理、监督、服务相结合，推进"两学一做"学习教育常态化制度化，不断增强党员教育管理针对性和有效性，努力建设政治合格、执行纪律合格、品德合格、发挥作用合格的党员队伍。组织员在开展党员教育管理工作时，要按照这一总要求，紧密结合改革开放和现代化建设的实际，从加强党的建设的需要出发，确定教育管理内容，采取多种形式，把党员教育管理工作渗透到日常工作中去，坚持创新发展、协调发展、绿色发展、开放发展、共享发展。要坚持"重在建设"，以立为本。把坚持党性原则与适应发展社会主义市场经济的要求统一起来，充分调动广大党员的主动性、积极性、创造性。

新时代党员教育管理工作要达到的主要目标，就是使全体党员能够达到党章规定的党员标准，在各自的工作岗位上充分发挥共产党员的先锋模范作用。具体来说应体现在以下方面：

一是提高党员思想政治素质，坚定理想信念。坚定共产主义理想和中国特色社会主义信念，树立马克思主义世界观、人生观和价值观；增强党的观念、党员意识和执政意识，牢记党的宗旨，坚持立党为公、执政为民、清正廉洁、拒腐防变；严守党的纪律，增强"四个意识"、坚定"四个自信"、做到"两个维护"，在思想上政治上行动上同以习近平同志为核心的党中央保持高度一致；继承和发扬党的优良传统和作风，保持共产党人的政治本色。

二是增强党员工作能力。不断提高用马克思主义的立场、观点、方法分析问题和解决问题的能力，组织群众、宣传群众和服务群众的能力，做好本职工作和自主创业、带领群众创业的能力。

三是发挥党员先锋模范作用。在生产、工作、学习和社会生活中充分发挥先锋模范作用，努力成为自觉学习的模范，贯彻执行党的路线方针政策的模范，勇于创新、创造一流业绩的模范，联系群众和服务群众的模范，践行社会主义核心价值观的模范。

（一）党员教育管理工作应遵循的原则

坚持党要管党、全面从严治党，将严的要求落实到党员教育管理工作全过程和各方面，党员领导干部带头接受教育管理。

坚持以党的政治建设为统领，突出党性教育和政治理论教育，引导党员遵守党章党规党纪，不忘初心、牢记使命。

坚持围绕中心、服务大局，注重党员教育管理质量和实效，保证党的理论和路线方针政策、党中央决策部署贯彻落实。

坚持从实际出发，加强分类指导，尊重党员主体地位，充分发挥党支部直接教育、管理、监督党员作用。

（二）党员教育管理的首要政治任务

1.学习内容：要求组织党员读原著、学原文、悟原理，深入学习领会习近平新时代中国特色社会主义思想的核心要义、基本精神、实践要求，掌握贯穿其中的马克思主义立场观点方法，增强政治自觉、理论自信、情感融入。建立以学习贯彻习近平新时代中国特色社会主义思想为中心内容的党员教育教材体系。

教育引导党员把学习习近平新时代中国特色社会主义思想同学习马克思列宁主义、毛泽东思想、邓小平理论、"三个代表"重要思想、科学发展观紧密结合起来，不断提高马克思主义思想觉悟和理论水平。

2.学习方式：坚持集中教育和经常性教育相结合，组织培训和个人自学相结合，采取集中轮训，党委（党组）理论学习中心组学习理论宣讲。组织生活在线学习培训等方式，形成习近平新时代中国特色社会主义思想学习教育长效机制，推动党员学深悟透、入脑入心。

3.实践要求：弘扬理论联系实际的马克思主义学风，引导党员把自己摆进去，把职责摆进去，把工作摆进去，学以致用，知行合一，提高政治站位，强化责任担当，增强过硬本领，做好本职工作，自觉做习近平新时代中国特色社会主义思想坚定信仰者和忠实实践者。

对党员领导干部的更高要求：党员领导干部应当坚持更高标准、更严要求，全面学、系统学、贯通学、深入学、跟进学，自觉用以武装头脑、指导实践、推动工作，发挥示范带头作用。

（三）党员教育的基本任务

党的十八大以来，习近平总书记对做好新时代党员教育工作作出一系列重要指示，并提出了明确要求。贯彻落实习近平总书记重要指示精神，《中国共产党党员教育管理工作条例》（2019年5月6日中共中央政治局印发，以下简称《条例》）按照党章有关规定，总结党员教育工作历史经验，结合新时代党员队伍建设需要，从政治理论教育、政治教育和政治训练、党章党规党纪教育、党的宗旨教育、革命传统教育、形势政策教育、知识技能教育7个方面，规定了党员教育基本任务，并分别明确教育的重点内容和目标要求。习近平总书记在党的二十大报告中指出："坚持党性党风党纪一起抓，从思想上固本培元，提高党性觉悟，增强拒腐防变能力，涵养富贵不能淫、贫贱不能移、威武不能屈的浩然正气。"对党员教育的内涵提出了更高的要求。

1.加强政治理论教育：突出党的创新理论学习，组织党员学习党的基本理论、基本路线、基本方略，学习马克思主义基本原理和党的基本知识，引导党员坚定理想信念，增强党性修养，努力掌握并自觉运用马克思主义立场观点方法。

2.突出政治教育和政治训练：严格党内政治生活锻炼，教育党员旗帜鲜明讲政治，提高政治觉悟和政治能力，严守政治纪律和政治规矩，永葆共产党人政治本色，做到"四个服从"，在思想上政治上行动上同以习近平同志为核心的党中央保持高度一致。

3.强化党章党规党纪教育：引导党员牢记入党誓词，坚持合格党员标准自觉遵守党的纪律，带头践行社会主义核心价值观，培养高尚道德情操，培育良好思想作风、学风、工作作风、生活作风和家风。加强宪法法律法规教育，引导党员尊法学法守法用法。

4.加强党的宗旨教育：引导党员践行全心全意为人民服务的根本宗旨，贯彻党的群众路线，提高群众工作本领，密切联系服务群众。

5.进行革命传统教育：引导党员学习党史、国史、改革开放史、社会主义发展史和中华民族发展史，铭记党的奋斗历程，弘扬党的优良传统，传承红色基因，践行共产党人价值观，激发爱国主义热情。

6.开展形势政策教育：围绕贯彻执行党和国家重大决策、推进落实重大任务，宣讲党的路线方针政策，解读世情国情党情，回应党员关注的问题，引导党员正确认识形势，把思想和行动统一到党中央要求上来。

7.注重知识技能教育：根据党员岗位职责要求和工作需要，组织引导党员学习掌握业务知识、科技知识、实用技术等，帮助党员提高综合素质和履职能力增强服务本领。

（四）党员管理的基本任务

按照《中国共产党章程》（以下简称"党章"）的规定，党员管理的基本任务主要是：

引导党员严格履行义务，保障党员充分行使权利。党员的先进性主要体现在党员是否履行了党章规定的八项义务，党组织要教育引导党员严格要求自己，模范地履行党员义务，自觉地做合格党员。党员充分行使党章规定的党员权利，是党内民主的重要体现。党组织要认真落实《中国共产党党员权利保障条例》（2020年12月25日中共中央发布）的各项规定，教育引导党员正确行使权利，并为党员行使权利创造必要的条件。

组织党员参加党的活动。党章规定，党员的基本条件之一，就是"参加党的一个组织并在其中积极工作"。党组织对党员的日常管理，主要体现在组织党员参加党的活动上，如参加党的组织生活，按期交纳党费，接受党的教育和培训，完成党组织分配的工作等。只有这样，才能保证党的思想统一和组织统一，才能使每个党员不断增强党的观念，发挥先锋模范作用。

严格党员组织关系和党籍管理。党员的组织关系是党员身份的证明；党籍是指党员资格。党员的工作变动是经常发生的，特别是在社会主义市场经济条件下党员流动日趋普遍、频繁，党员的思想情况、工作表现时有变化，对党员的管理必然是动态的。党员流动后要按规定办理转移组织关系的手续，党员凭组织关系参加党的组织生活，发挥先锋模范作用。党员如果丧失了党员资格，党组织应按规定对党员进行党籍处理。

保持党员队伍的先进性、纯洁性。任何时候，党员队伍中都会有落伍者，在改革开放和经济体制的转变时期，这个问题显得更加突出。对于那些理想信念动摇、价值观念发生变化、其表现已经不具备党员条件的不合格党员，党组织应按照党章规定，根据党员的不同情况，分别采取措施进行严肃处置，以保证党员队伍的纯洁性。

（五）党员教育管理的主要方式和途径

我们党在长期实践中，逐步形成了以党的组织生活制度为基本形式，以集中培训为重要手段，以激励关怀帮扶为动力，以发挥先锋模范作用为落脚点等的党员教育管理方式，《条例》总结运用党的十八大以来推进全面从严治党向基层延伸的重要经验，坚持融入日常、抓在经常，坚持从基础工作抓起、从基本制度严起，从4个方面对党员教育管理的方式和途径作出规定。

1. 用好党的组织生活这一经常性手段，落实"三会一课"、组织生活会（每年至少召开 1 次）、民主评议党员（一般每年开展 1 次）、谈心谈话等基本制度，组织党员定期参加支部主题党日（每月开展 1 次）、按期交纳党费，加强党员党性锻炼。

2. 根据党的事业发展和党的建设重点任务，坚持集中培训制度，有计划地组织党员参加集中轮训培训（党员每年集中学习培训时间一般不少于 32 学时）、党内集中学习教育，使党员接受日常教育全覆盖、有保证、见实效。

3. 组织引导党员发挥先锋模范作用，要求党组织设立党员示范岗、党员责任区，开展设岗定责、承诺践诺，引导党员参与志愿服务，充分调动广大党员积极性主动性创造性。

4. 坚持从严教育管理和热情关心爱护相统一，从政治、思想、工作、生活上激励关怀帮扶党员。落实对老党员等重点对象的服务措施，针对老党员的身体居住和家庭等实际情况，采取灵活方式，进行教育管理服务，组织他们参加党的组织生活，发挥力所能及的作用，对年老体弱、行动不便、身患重病甚至失能的党员，组织活动和开展学习教育不作硬性要求，党组织通过送学上门、走访慰问等方式，给予更多关心照顾。增强党员荣誉感归属感使命感，激励党员新时代新担当新作为。

（六）党员监督和组织处置

党的十八大以来，我们党加强党员队伍管理的一个鲜明特点，就是管在日常严在经常，从最基础环节、最基本工作抓起，把全面从严治党要求落实到每个支部、每名党员。《条例》总结运用这一成功经验，设专章对党员监督和组织处置作出规范，目的就是通过抓好日常性的管理监督和组织处置，保持党员队伍先进性和纯洁性，不断维护党的肌体健康。在具体制度设计上，《条例》依据党章规定与《中国共产党纪律处分条例》（2015 年 10 月中共中央印发）、《中国共产党党内监督条例》（2016 年 10 月 27 日中国共产党第十八届中央委员会第六次全体会议审议通过）相衔接、坚持党员政治标准和基本条件，坚持抓早抓小、防微杜渐，坚持立足教育、区别对待，对在党员日常监督中发现问题的，综合考虑问题性质、情节轻重和本人态度，规定提醒谈话、批评教育、限期改正、劝其退党或除名 4 种教育管理和组织处置方式，由轻及重、层层递进、既从严要求，又体现组织关怀。

1. 对党员进行日常监督的方式和内容：党组织应当通过严格组织生活、听取群众意见、检查党员工作等多种方式，监督党员遵守党章党规党纪特别是政治纪律和政治规矩情况，遵守宪法法律法规和道德规范情况，参加组织生活情况，履行党员义务、联系服务群众、发挥先锋模范作用情况等。

2. 进行提醒谈话的情形：发现党员有思想、工作、生活、作风和纪律方面苗头性倾向性问题以及群众对其有不良反映的，党组织负责人应当及时进行提醒谈话，抓早抓小、防微杜渐。

3. 开展批评教育的具体情形和要求：对党员不按照规定参加党的组织生活、不按时交纳党费、流动到外地工作生活不与党组织主动保持联系的，以及存在其他与党的要求不相符合的行为、情节较轻的，党组织应当采取适当方式及时进行批评教育，帮助其改进提高。

4. 限期改正、劝其退党或除名等组织处置的适用情形和要求：对缺乏革命意志，不履行党员义务，不符合党员条件，但本人能够正确认识错误、愿意接受教育管理并且决心改正的党员，党组织应当作出限期改正处置，限期改正时间不超过 1 年。对给予限期改正处置的党员应当采取帮助教育措施。

党员具有下列情形之一的，按照规定程序给予除名处置：

（1）理想信念缺失，政治立场动摇，已经丧失党员条件的，予以除名。

（2）信仰宗教，经党组织帮助教育仍没有转变的，劝其退党，劝而不退的予以除名。

（3）因思想蜕化提出退党，经教育后仍然坚持退党的，予以除名。

（4）为了达到个人目的以退党相要挟，经教育不改的，劝其退党，劝而不退的予以除名。

（5）限期改正期满后仍无转变的，劝其退党，劝而不退的予以除名。

（6）没有正当理由，连续 6 个月不参加党的组织生活，或者不交纳党费，或者不做党所分配的工作，按照自行脱党予以除名。

对违犯党纪的党员，按照《中国共产党纪律处分条例》规定给予党纪处分。

（七）党员教育信息化

推进党员教育管理信息化，既是信息化时代发展的客观要求，也是党建工作改革创新的必然要求。从指导基层工作实践出发，《条例》作出了以下规定：

一是明确了总的要求，就是适应时代发展要求，充分运用互联网技术和信息化手段，改进党员教育管理工作，推进基层党建传统优势与信息技术深度融合，不断提高党员教育管理现代化水平。

二是对党员教育管理信息化平台建设提出要求。强调统筹规划、整合资源，健全党员信息库，加强全国党员管理信息系统建设，推动党员干部现代化远程教育和党员电话教育创新发展，推进党员教育管理网站、移动客户端等平台一体化建设，建立党性教育基地网上平台，打造党务、政务服务有机融合的网络阵地。

三是对党员教育管理信息化平台应用提出要求。强调坚持网上和网下相结合，依托党员教育管理信息化平台，开展党员信息管理、党组织活动指导管理、流动党员管理服务、发展党员管理和党费管理等业务应用，为党员提供在线学习培训。转接组织关系、参与党内事务和关怀帮扶等服务。

四是对党员学网用网和网络行为规范提出要求，党员应当主动学网用网，依托各类党员教育管理信息化平台，积极参加在线学习培训，认真参加党组织的活动，自觉接受党组织的教育管理，通过网络向群众宣传党的理论和路线方针政策，听取群众意见，联系服务群众。党组织应当教育引导党员严格规范网络行为，敢于同网上错误言论作斗争，不得制作、发布、传播违反党的纪律规定和国家法律法规的信息内容。

（八）党员教育管理的组织领导和工作保障

党员教育管理是细水长流的工作，需要常抓不懈、久久为功。《条例》

立足抓基本、管长远，对加强党员教育管理的组织领导和工作保障作出明确规定：

一是在党中央领导下，成立由中央组织部牵头，中央纪委国家监委机关、中央宣传部、中央党校（国家行政学院）、中央和国家机关工委、教育部党组、国务院国资委党委等参加的全国党员教育管理工作协调小组，明确相关职责，建立运行机制，发挥各自职能作用。省（区、市）党委也要建立党员教育管理工作协调机构。

二是明确地方各级党委、部门单位党组（党委）和基层党委、党支部、党小组等抓党员教育管理工作的职责要求。地方各级党委和部门单位党组（党委）领导本地区本部门本单位党员教育管理工作，贯彻执行党中央关于党员教育管理工作的方针政策和部署要求，定期研究党员教育管理工作，分析党员队伍状况，有针对性地提出工作措施。基层党委履行抓党员教育管理的基本职责，推动落实上级党组织工作安排，组织做好党员集中培训、组织关系管理、表彰激励、关怀帮扶、组织处置、纪律处分等工作，指导所辖党支部做好党员日常教育管理工作。党支部按照党章和党内有关规定，履行相关工作职责。党小组应当落实党支部关于党员教育管理工作的要求和任务。

三是对党员教育管理工作队伍、场所、教材和经费等基础保障作出规范，乡镇、街道、国有企业、高等学校等基层党委，按照规定配备一定数量的专兼职组织员，由县级以上党委组织部门进行业务指导和管理，承担指导督促发展党员和党员教育管理等工作。实行党员教育讲师聘任制，县级以上党委从优秀党校教师、基层党组织书记、先进模范人物、党务工作者、专家学者、实用技术人才、离退休干部等人员中选聘党员教育讲师。加强县级党校（行政学校）和基层党校建设。县级党校（行政学校）应当将党员集中培训作为重要任务。有计划地组织安排党员教育讲师到基层授课。注重发挥党群服务中心、党员干部教育培训基地、新时代文明实践中心的作用。加强全国党员教育培训教材建设规划，组织编写全国党员教育基本教材。各地区各部门各单位可以结合实际，开发各具特色、务实管用的党员教育教材。党员教育管理工作经费应当列入地方各级财政预算，结合实际按照党员数量划拨，重点保障农村、社区、非公有制经济组织和社会组织、公共就业和人才服务机构等基层党组织开展党员教育管理，形成稳定的经费保障机制。各级党委留存的党费主要用于教育培训党员、支持基层党组织开展组织生活。加强对革命老区、民族地区、边疆地区、贫困地区党员教育管理工作经费支持。

四是对党员教育管理工作的检查考核作出明确规定。各级党委各党组应当加强对党员教育管理工作的检查考核。基层党委每年把党员教育管理工作情况作为向上级党组织报告工作的重要内容。在基层党建工作述职评议考核中，对党组织负责人抓党员教育管理工作情况作出评价。上级党组织在开展年度考核和任期考核中，应当考核检查下级党组织党员教育管理工作情况。对在党员教育管理工作中失职失责的，按照有关规定予以问责追责。

（九）党员教育培训

为更好贯彻落实《中国共产党党员教育管理工作条例》，适应新形势新任务和党员队伍新情况，进一步提高党员教育培训工作质量，加强党员队伍建设，保持党的先进性和纯洁性，推动全面从严治党向纵深发展，夯实党长期执政基础，实现党伟大执政使命，需要坚定不移的持续开展好党员教育培训工作。

1. 总体要求

党员教育培训工作，以马克思列宁主义、毛泽东思想、邓小平理论、"三个代表"重要思想、科学发展观、习近平新时代中国特色社会主义思想为指导，认真落实新时代党的建设总要求，把学习贯彻习近平新时代中国特色社会主义思想作为首要政治任务。以坚定信仰、增强党性、提高素质为重点，坚持思想建党、理论强党、从严治党，坚持围绕中心、服务大局，坚持分类指导、按需施教，坚持联系实际、继承创新，坚持简便易行、务实管用，不断强调针对性和有效性，引导党员增强"四个意识"、坚定"四个自信"、做到"两个维护"，努力建设政治合格、执行纪律合格、品德合格、发挥作用合格的党员队伍。要持续不断地开展有计划、分层次、高质量的党员教育培训。把全体党员普遍轮训一遍，实现习近平新时代中国特色社会主义思想学习教育更加扎实深入，党的创新理论更加入脑入心，广大党员自觉践行新思想，适应新时代，展现新座位，在习近平新时代中国特色社会主义思想指引下，统一意志、统一行动，步调一致向前进；教育培训效果更加显著，广大党员理想信念进一步坚定、党性观念进步增强、宗旨意识进一步强化、能力素质进一步提升、纪律作风进一步过硬、先锋模范作用进一步发挥；新时代党员教育培训体系更加健全，集中培训逐步走向常态，日常教育更加规范，推动形成教育和管理、监督、服务有机结合的党员队伍建设工作链条。

2. 习近平新时代中国特色社会主义思想教育培训

（1）把学习贯彻习近平新时代中国特色社会主义思想作为首要政治任务。各级党组织要将习近平新时代中国特色社会主义思想学习教育摆在党员教育培训最突出位置，县级以上党委每年制定学习计划，列出必读书目和篇目，明确学习要求，基层党组织要结合党员日常教育管理认真抓好落实。党员教育培训机构要将习近平新时代中国特色社会主义思想作为主课，全面纳入教学计划和教学布局，党员要把习近平新时代中国特色社会主义思想作为必修课，读原著、学原文、悟原理，深刻理解习近平新时代中国特色社会主义思想的重大意义、科学体系、丰富内涵、精神实质、实践要求，掌握贯穿其中的马克思主义立场观点方法，增强政治自觉、理论自信、情感融入，做到真学真懂真信真用。

（2）建立健全习近平新时代中国特色社会主义思想学习教育长效机制。以习近平新时代中国特色社会主义思想为中心内容，建立较为完备的课程体系。加强理论教育特点和规律的研究，开发一批学习贯彻习近平新时代中国特色社会主义思想的教学案例和现场教学点。通过专题讲座、报告会、学习论坛等多种形式进行深入浅出的解读阐述，领导干部要结合分管领域、分管工作带头宣讲。发挥"两微一端"等新媒体优势，组织党员在线学习。注重发挥党支部直接教育党员的作用，落实"三会一课"等制度，对党员开展经常性教育。健全理论学习考核评估制度，采取有效措施激发党员学习热情，推动学习教育往深里走、往心里走、往实里走。

（3）引导党员自觉做习近平新时代中国特色社会主义思想坚定信仰者和忠实践行者。弘扬理论联系实际的马克思主义学风，引导党员把自己摆进去、把职责摆进去、把工作摆进去，对照习近平新时代中国特色社会主义思想检视思想言行，做到学思用贯通、知信行统一。引导党员结合岗位职责，认真学习贯彻习近平总书记关于本部门本行业本领域工作的重要论述和重要指示批示精神，提高运用科学理论解决实际问题能力，更好推动事业发展。大力选树和宣传学懂弄通做实的先进典型，引导党员自觉用习近平新时代中国特色社会主义思想武装头脑、指导实践、推动工作。党员领导干部应当坚持更高标准、更严要求，带头学习实践习近平新时代中国特色社会主义思想。

3.党员教育培训主要内容

（1）聚焦基本任务。根据《中国共产党党员教育管理工作条例》，适应新时代党员队伍建设需要，突出政治功能，切实抓好习近平新时代中国特色社会主义思想教育培训，全面落实政治理论教育、政治教育和政治训练、党章党规党纪教育、党的宗旨教育、革命传统教育、形势政策教育、知识技能教育7个方面基本任务，把党性教育和理想信念教育贯穿始终，以坚持和完善中国特色社会主义制度、推进国家治理体系和治理能力现代化为目标，对党员进行系统教育培训。

（2）围绕中心工作。着眼统筹推进"五位一体"总体布局和协调推进"四个全面"战略布局，紧扣党和国家重大决策部署、重要会议活动、重要时间节点，有针对性地开展党员教育培训。重点加强党的创新理论、理想信念、政治纪律和政治规矩等教育培训；围绕贯彻落实新发展理念、实施七大战略、打好三大攻坚战等，重点加强党的路线方针政策、世情国情党情、总体国家安全观等教育培训；重点加强党史、新中国史，党的优良传统、中华优秀传统文化，社会主义核心价值观、爱国主义等教育培训，引导党员把思想和行动统一到党中央决策部署上来，始终保持奋斗精神和革命精神，敢于斗争、善于斗争，在时代大潮中建功立业。

（3）体现不同领域和群体特点。在农村，重点围绕贯彻落实习近平总书记关于"三农"工作的重要论述、打赢脱贫攻坚战、实施乡村振兴战略、推进农业农村现代化开展党员教育培训。在街道社区，重点围绕巩固党在城市执政基础、加强城市治理、服务社区群众、建设美好家园开展党员教育培训。在机关，重点围绕建设让党中央放心、让人民群众满意的模范机关开展党员教育培训。在事业单位，重点围绕深化改革、提高绩效、促进事业发展开展党员教育培训。在学校，重点围绕坚持马克思主义指导地位、落实立德树人根本任务、培养社会主义建设者和接班人开展党员教育培训。在国有企业，重点围绕加强党对国有企业的领导、深化国有企业改革、实现国有资产保值增值开展党员教育培训。在非公有制经济组织，重点围绕贯彻党的方针政策，严格遵守国家法律法规，团结凝聚职工群众，维护各方合法权益，促进企业健康发展开展党员教育培训。在社会组织，重点围绕坚持正确政治方向，有序参与社会治理、提供公共服务、承担社会责任开展党员教育培训。民族地区要重点围绕贯彻党的民族政策，做好民族工作，对党员加强党的意识、中华民族共同体意识和马克思主义国家观、历史观、民族观、文化观等教育培训。

对基层党组织书记，重点开展党的创新理论、党建工作实务、群众工作、基层治理等教育培训，努力建设一支守信念、讲奉献、有本领、重品行的基层党组织带头人队伍。对新党员，重点开展党的基本知识、党性党风党纪、党的优良传统等教育培训，强化思想入党，提升他们的政治觉悟和理论素养。对青年党员，要进行系统理论教育和严格党性锻炼，引导他们传承红色基因、培养奋斗精神、练就过硬本领。对老年党员，重点开展党的创新理论、形势政策等教育培训，引导他们保持革命本色、发挥传帮带作用。对流动党员，重点开展党员意识、组织观念、纪律规矩等教育培训，引导他们主动接受党组织的教育管理，自觉参加组织生活，充分发挥作用。对下岗失业人员中的党员，要将党的理论教育和党性教育与开展政策学习和技能培训结合起来，帮助他们增强就业创业信心和能力。

4. 党员教育培训方式方法

（1）完善组织形式。坚持集中培训、集体学习、个人自学和组织生活、实践锻炼有机结合，增强党员教育培训工作的规范性、针对性、系统性。要结合实际研究确定重点项目、对象和专题，采取省级示范培训、市级重点培训、县级普遍培训、基层党委兜底培训的形式，开展党员集中培训。各级党组织要通过理论学习中心组学习、"三会一课"、主题党日等，抓实集体学习。党员领导干部要定期为基层党员讲党课，引导党员根据自身实际和工作需要，利用业余时间开展自学坚持民主生活会和组织生活会、民主评议党员、谈心谈话等制度，认真开展批评和自我批评，"咬耳扯袖、红脸出汗"，让党的组织生活真正起到教育提高党员的作用。通过设岗定责、承诺践诺，引导党员立足岗位、创先争优。鼓励和引导党员参与结对帮扶、志愿服务等，为党员搭建实践锻炼平台。注重心理疏导和人文关怀，帮助解决实际问题，增强党员政治荣誉感、组织归属感。

（2）丰富教学方式。灵活运用讲授式、研讨式、模拟式、互动式、观摩式、体验式等教学方法，探索"课堂＋基地"实训模式，增强教育培训的吸引力；加强案例培训，选好用好各条战线各个领域各个行业的生动鲜活案例；开展典型教育，引导党员学习重大先进典型和身边榜样，运用反面教材加强警示教育；组织党员就近就便到红色基地学习、重温入党誓词、过"政治生日"。

（3）创新运用信息化手段。推动党员教育信息化平台一体化建设，完善学用功能，构建更为便捷高效的网络学习阵地。建设全国党员教育资源库，建立党性教育基地网上平台，发挥全国党建网站联盟作用，用好"共产党员"教育平台、"学习强国"学习平台等载体；依托全国党员管理信息化工程，探索建立党员学习电子档案；注重党员教育信息化建设整体设计，避免重复建设；坚持线上线下相结合，探索适应信息化发展趋势和受众特点的教育培训有效方式，注重运用大数据对党员学习情况进行动态分析，精准推送教育内容，引导党员主动学网用网。

（4）健全培训制度。完善需求调研制度，通过问卷调查、谈心谈话、走访调研、大数据分析等方式，精准掌握党员学习需求和参训意愿；坚持集中轮训制度，各级党委（党组）每年就党员集中轮训工作作出安排，分期分批组织实施；组织基层党组织书记每年至少参加 1 次县级以上党委举办的集中轮训，对新任基层党组织书记一般应在半年内进行任职培训；预备党员在预备期内和转正后 1 年内一般要各参加 1 次由上级党组织组织的集中培训；大力实施农村党员春训冬训。落实学时制度，党员每年参加集中培训和集体学习时间一般不少于 32 学时，基层党组织书记和班子成员每年参加集中培训和集体学习时间不少于 56 学时、至少参加 1 次集中培训。党员领导干部除执行干部教育培训有关规定外，要带头参加所在单位的党员教育培训。

5. 组织领导和基础保障

（1）落实领导责任。各级党委（党组）要认真履行党建主体责任，党委（党组）书记要履行第一责任人职责，加强对党员教育培训工作的组织领导。党支部要落实抓党员日常教育工作的直接责任。各级党员教育管理工作协调机构要落实党员教育培训联席会议制度，组织部门要发挥牵头抓总作用，相关职能部门要密切配合，形成工作合力。

（2）夯实基础保障。各级组织部门和党员教育培训机构要建立开放式党员教育培训师资库。落实党员教育讲师聘任制，县级以上党委选聘一批政治素质过硬实践经验丰富、理论水平较高的党员教育讲师，实行动态管理，注重发挥党员教育讲师的积极性、主动性、创造性。鼓励建立党员教育培训志愿者讲师队伍。抓好党员教育工作者专业化能力培训。充分发挥各级党校（行政学院）在党员教育培训中的主渠道、主阵地作用，县级党校（行政学校）要将党员集中培训作为重要任务。加强和规范乡镇、街道等基层党校和党员教育培训基地、现场教学点建设利用党员活动室、党群服务中心、远程教育站点、新时代文明实践中心等开展党员日常教育培训。各地区各部门各单位党委（党组）可结合实际，开发各具特色务实管用的党员教育培训教材。抓好少数民族语言教材的制作和译制工作，开发民族地区党员教育培训双语教材。各级党组织要为党员推荐学习书目，提供学习资料。严格按照《中国共产党党员教育管理工作条例》有关规定，落实党员教育。

（十）党内统计工作

党内统计工作是党的组织工作中一项经常性的工作，是党内监督和调查研究的一种特定形式。具体来说，党内统计工作是用科学的统计方法，从宏观上、从总体的数量和各种数量的联系中，正确认识党员队伍和党组织状况，为研究党的组织工作提供决策参考、研究依据和论述凭证的有力手段和工具。

党内统计是组织部门的一项基础工作，是党的组织工作中不可缺少的一个重要组成部分。它在党的建设中发挥着积累资料、提供信息、服务决策、实行监督等重要作用。对于制定正确的组织工作方针、政策和规划，预测发展趋势以及研究党的历史及党建理论，都具有十分重要的意义。

1. 党内统计的意义

（1）党内统计可为了解和研究党的发展历史提供翔实的基础资料

党内统计工作历史地、直观地体现了党的建设和党的生活各方面的情况。从某种程度上讲，将这些资料统一起来，可以说是一部简明的党史资料。对于我们了解过去、研究现在、预测未来、探索党建规律，具有长期的利用价值。

（2）党内统计工作是党的建设中一项重要的工作

党内统计工作是从数量方面综合认识党组织和党员队伍等党内现象及其规律的一种工具，是正确认识和客观评价党组织与党员队伍状况的重要手段。它政策性、专业性、科学性很强，是党的自身建设中一项重要的基础工作。

（3）党内统计工作在党的组织工作中具有指导作用和促进作用

党内统计工作的基本任务是：紧密围绕党的中心任务，对党组织和党员队伍的状况、发展变动、对党员的管理教育以及党的生活等情况进行调查统计、分析研究，提供统计资料，实行统计监督，为党的建设、党的组织工作服务。

从上述任务中可以看出，党内统计工作是直接为党中央和地方、军队等各级党的领导机关正确决策、实施领导服务的，也是为基层党组织加强党的建设服务的。从党内统计工作的服务内容和效果来看，它能用科学的方法和现代化的技术手段，及时反映党员队伍和党组织等党内现象的基本情况和动态，是党的组织工作的重要信息来源。所以，在一定意义上讲，党内统计工作在党的组织工作中具有指导作用和促进作用。

2.党内统计的内容

（1）统计党员基本情况

①党员增减情况，党员职业、年龄、学历、入党时间分布情况和预备党员转正情况；

②新发展党员、发展对象、入党积极分子、入党申请人情况；

③党员受表彰、受纪律处分情况；

④党员培训情况、民主评议党员情况和按规定收缴党费情况；

⑤乡镇（街道）、村（社区）党员分布情况和村（社区）"两委"班子配备情况；

⑥流动党员情况；

⑦出国（境）党员情况。

（2）统计党组织基本情况

①党的基层组织数量和换届情况；

②乡镇（街道）、村（社区）党的组织情况；

③公有制企业法人单位、非公有制企业法人单位、事业法单位、机关法人单位和社会组织法人单位党的基层组织情况；

④地方党委领导班子换届和召开民主生活会情况；

⑤国务院和地方政府工作部门建立党组织情况。

（3）其他专项统计

农村（社区）党建情况、整顿软弱涣散基层党组织情况、失联党员情况等。

3.党内统计的方法

（1）党内统计报表制度。是指党内统计报表由中央组织部或省级以上党委组织部门统一编制，以党员的正式组织关系和党组织隶属关系为依据，按照统一的调查表式、统计时点、报送程序和时限要求，定期自下而上报送党内统计报表的制度。

（2）普遍调查，简称普查。是指根据党内统计的特定目的专门组织的全面调查。主要用来收集某些不能够或者不方便用定期统计报表收集，而党的建设研究和指导工作又需要了解的党内全面情况或某一方面情况的统计资料。

（3）重点调查。是指在所要调查的对象中，选择一部分重点单位进行调查。所谓重点单位，是指在总体中地位重要且有代表意义的单位。这些单位数量不多，但调查的标志却在总体中占有很大的比重，或具有显著的标志特征，能够充分反映总体的特征，调查这些重点单位即可反映出总体的基本情况。

（4）典型调查。是指对调查对象总体作全面分析的基础上，有意识地从中选择少数具有代表性的典型单位，进行深入细致调查研究的一种非全面的调查方式。典型调查的关键是选好典型调查单位。典型调查的方法比较灵活，可以从研究量的方面入手，也可以从研究质的方面入手；可以对一个单位进行深入调查研究，也可以同时对几个单位进行调查研究。

（5）抽样调查。是指从被调查研究对象的总体中按照随机的原则，抽取一部分单位进行调查，根据对这一部分调查对象的调查情况，对总体作出具有一定可靠性的推断和估计，从而认识总体的一种重要的统计调查方法。党内调查常用简单随机抽样、典型抽样和整群抽样的方法。

（6）通过党员 E 先锋系统进行统计。目前北京地区主要采取这一方法进行党内统计，这需要各个基层党组织要按期完成党员 E 先锋的维护，包括及时更新数据，及时转接党员等。

高校专职组织员实操手册

图一 党员 E 先锋审批预备党员

图二 党员 E 先锋查找更新党员数据

二、做好党组织关系管理

（一）做好党员党组织关系转接工作

党员组织关系，是指党员对党的基层组织的隶属关系。按照党章规定，每个党员不论职务高低，都必须编入党的一个支部、小组或其他特定组织，参加党的组织生活，接受党内外群众的监督。申请入党的人一经被批准入党，接收其入党的党组织就要将其编入党的一个基层组织，从此就确定了他的组织关系。党的组织关系一经确定，党员就可以而且必须参加该组织的生活，并在其中积极工作。

有固定工作单位并且单位已经建立党组织的党员，一般编入其所在单位党组织。没有固定工作单位或者单位未建立党组织的党员，一般编入其经常居住地或者公共就业和人才服务机构、园区、楼宇等党组织。

党员工作单位、经常居住地发生变动的，或者外出学习、工作、生活6个月以上并且地点相对固定的，应当转移组织关系。具有审批预备党员权限的基层党委可以在全国范围直接相互转移和接收党员组织关系。党组织接收党员组织关系时如有必要，可以采取适当方式查核党员档案。对组织关系转出但尚未被接收的党员，原所在党组织仍然负有管理责任。党组织不得无故拒转拒接党员组织关系。党员组织关系的概念有广义和狭义之分。广义概念包括正式组织关系和临时组织关系，转移正式组织关系需开具《中国共产党党员组织关系介绍信》（以下简称党员组织关系介绍信），转移临时组织关系需开具《中国共产党党员证明信》（以下简称党员证明信）或中国共产党流动党员活动证（以下简称流动党员活动证）；狭义概念特指正式组织关系。在一般情况下，转移党员组织关系系指狭义概念。

1. 转移和接收党员组织关系的凭证

党员组织关系的凭证有三种，即党员组织关系介绍信、党员证明信和流动党员活动证。转移和接收正式组织关系，应当凭据党员组织关系介绍信，转移和接收临时组织关系，应当凭据党员证明信或流动党员活动证。

（1）党员组织关系介绍信

党员组织关系介绍信是党员变动组织关系的凭证。党员因工作单位、居住地等发生变化，或外出学习、工作时间在 6 个月以上且地点比较固定的，应按规定转移正式组织关系，即开具党员组织关系介绍信。党员组织关系转出后，党员在党组织中的隶属关系随即发生变化，党员应在转入的党组织参加党的组织生活交纳党费。同时，享有表决权、选举权和被选举权。

（2）党员证明信和流动党员活动证

党员证明信是党员临时外出参加党的组织生活的凭证，即党员临时组织关系凭证。党员临时外出时，持党员证明信以证明其党员身份。党员证明信一般只限在党员临时外出时间 6 个月及 6 个月以内使用。持党员证明信外出的党员，可以据此证明自己的党员身份，在所去地区或单位参加党的组织生活。但是，其党组织关系没有从原所在党组织转移出去，他们在所去地区或单位党组织中没有表决权、选举权和被选举权，而仍在原单位交纳党费和享有表决权、选举权和被选举权。流动党员活动证也是党员临时组织关系凭证，其作用与党员证明信基本相同。所不同的是：（1）流动党员活动证适用于短期外出（六个月以内）但外出地点不确定或长期外出但因外出地点和时间不确定等原因暂时无法转移正式组织关系的党员。（2）持流动党员活动证的党员可向外出所在地或单位党组织交纳党费。党员短期外出开会、参观、学习、实习和考察等，时间在三个月及三个月以内，无须证明党员身份的，可不开具党员组织关系凭证。

2. 党员组织关系转接

（1）转接党员组织关系介绍信的基本程序

需转移组织关系时，经党组织批准方可办理党员组织关系转移手续；党员在转移组织关系时，应由党员本人持由其所在党组织开出的党员组织关系凭证到有关党组织办理转移手续，不能自己携带的，应由机要交通或机要邮政转递。党组织开具党员组织关系介绍信要使用统一式样的党员组织关系介绍信，用毛笔或钢笔填写，字迹要清楚，不得涂改。如涂改更正，须加盖更正章。要写明党员转出和接收单位的全称，要用大写字注明党费交至的月份。

要根据被介绍人的实际情况在介绍信和存根上注明有效期限，一般不应超过三个月。党员组织关系介绍信必须加盖公章，并在介绍信和存根的连接部位加盖骑缝章。集体转移党的组织关系应附党员花名册，并加盖党组织的印章。

（2）可以在全国范围内直接相互转移党员正式组织关系和党员临时组织关系的党组织

党组织根据中共中央 2019 年 5 月印发的《中国共产党党员教育管理工作条例》的规定，具有审批预备党员权限的基层党委，可以在全国范围直接相互转接和接收党员组织关系。

根据中央组织部有关规定，具有在全国范围直接相互转移党员正式组织关系权限的党组织，同时具有直接相互转移党员临时组织关系的权限。

（3）转接党员组织关系的党组织的主要职责

转出党员组织关系的党组织的主要职责是：①教育督促党员按照规定及时转移组织关系，并如实填写党员组织关系凭证。②建立转移组织关系党员基本情况登记制度，对临时外出党员要采取适当方式与其保持联系。③及时了解党员外出期间的表现，查验流动党员活动证上所记载的有关内容。④及时掌握党员去向与党员所去地方或单位党组织保持联系。

接收党员组织关系的党组织的主要职责是：①认真查验转移党员组织关系凭证，为党员办理组织关系接收手续，及时将党员编入党支部，并加强对党员的教育、管理和监督。②将接收党员的情况以适当方式及时反馈给转出组织关系的党组织。③在流动党员活动证上如实填写党员参加党的组织生活、交纳党费、组织关系变更情况等内容，并将相关材料转给其正式组织关系所在党组织。④对于因工作需要、经济条件等原因不能回到原所在党组织办理组织关系转移手续的党员，帮助其办理组织关系转移手续。

（4）在转接党员组织关系中对党员的要求

因工作、学习、生活等原因离开原所在地党组织，要及时转移党员组织关系，在规定时间内到所去地方或单位党组织报到。

短期外出或外出时间较长但无固定地点的，应当通过适当方式与原所在党组织保持联系，汇报外出期间的有关情况，按照规定交纳党费。

如果没有正当理由，连续 6 个月不参加党的组织生活，或不交纳党费或不做党所分配的工作，就被认为是自行脱党，支部大会应当决定把这样的党员除名，并报上级党组织批准。

（5）特殊情况下的党员组织关系的转接

退役军人党员组织关系的转接。退役军人党员凡落实了工作单位的，应及时将党员组织关系转到所去单位的党组织。若该单位未建立党组织或暂时落实不了工作单位的，可将党员组织关系转到单位所在地（街道、乡镇）或安置居住地（街道、乡镇）党组织。退役军人事务部门或公共就业和人才服务机构等党组织如具备管理条件并经同级地方党委同意，也可以接收这些党员的组织关系，并根据实际情况组织这些党员过组织生活。

高校毕业生党员组织关系的转接。①对已落实工作单位的高校毕业生党员，其工作单位建立党组织的，应将组织关系及时转移到单位的党组织。工作单位尚未建立党组织的，可将组织关系转移到单位所在地或本人居住地的街道、乡镇党组织，也可随同档案转移到县以上政府所属公共就业和人才服务机构党组织。②对没有落实工作单位的高校毕业生党员，可将组织关系保留在原就读高校党组织，也可转移到本人居住地的街道、乡镇党组织，或随同档案转移到县以上政府所属公共就业和人才服务机构党组织。③对出国留学或出境学习的高校毕业生党员，应将组织关系保留在原就读高校党组织。组织关系保留在原就读高校党组织的时间一般不超过 2 年，其间，符合转出条件的应及时转出。对超过 2 年的，高校党组织应与党员联系，根据其工作或居住情况转移组织关系。因特殊情况确需继续保留组织关系的，由党员提出申请，经高校党组织同意，可适当延长保留时间，延长时间一般不超过 1 年。出国留学和出境学习的高校毕业生党员其组织关系保留在原就读高校党组织时间一般不超过 5年。组织关系保留在原就读高校党组织的高校毕业生党员（不含出国留学和出境学习的），超过 6 个月未与党组织联系、且经多方努力确实无法取得联系的，转出组织关系的高校毕业生党员，无正当理由超过 6 个月未到接收单位党组织转接的，由高校党组织依据党章和党内有关规定予以处理。

离退休干部、职工党员组织关系的转接。离退休干部、职工中的党员组织关系的管理，原则上按照已有规定办理。对根据国家有关规定，纳入社区管理的退休干部、职工党员，其党的组织关系一般应转到居住地区街道（或村）党组织；易地安置的离退休干部、职工党员，其党的组织关系应转移到接收安置地区街道、乡（镇）或村党组织。离退休干部、职工党员因看病、探望子女和亲属，外出时间超过 6 个月的，所在单位的党组织应给他们开具党员证明信，所到单位或地区的党组织应接收并安排其参加党的组织生活。干部、职工党员离休、退休退职后，又受聘到另一单位工作，如果时间在半年以上，应将其党员组织关系转接到新的工作单位党组织。

恢复党籍的党员组织关系的接转。错被开除党籍的党员，经复查改正并恢复了党籍的党员，其组织关系可分三种情况办理：①被恢复党籍的同志仍在原单位的，应通知本人参加组织生活，不必办理组织关系转移手续。②不在原单位的党员，由作出恢复党籍决定的单位出具盖有区或县以上党委组织部门公章的党员组织关系介绍信，连同恢复党籍的决定，一并转到申诉人现所在单位党组织，由现所在单位党组织通知申诉人，并编入党支部过组织生活。③申诉人已死亡的由原单位党组织将改正结论和恢复党籍的决定通知其生前所在单位党组织及其家属，不必转移组织关系。

（6）转接组织关系必须注意的其他问题

党员组织关系介绍信、党员证明信和流动党员活动证要统一印制和管理。党员组织关系介绍信、党员证明信和流动党员活动证的印制与保管是一项十分严肃的工作，必须严格按有关规定办理。印制所需经费，可从党费中开支，不得向党员个人收取工本费和发证手续费。使用后的党员组织关系介绍信、党员证明信存根要妥善保管。保存期限一般在 10 年以上方可销毁。

妥善处理党员组织关系介绍信、党员证明信或流动党员活动证丢失的问题。党员组织关系介绍信或党员证明信一旦丢失，党员要及时向所在单位的党组织或最后办理转移组织关系的党委组织部门报告。党组织应对丢失党员组织关系介绍信、党员证明信的情况进行审查，如确系本人不慎丢失，可由最后办理转移组织关系的党组织予以补转，并立即通知接收党员的党组织，说明原党员组织关系介绍信或党员证明信作废。接转单位在接转时，要对党员组织关系介绍信、党员证明信进行认真审查核对。对丢失党员组织关系介绍信、党员证明信的党员应给予批评教育，情节严重的还应给予适当的党纪处分。流动党员丢失流动党员活动证，也应及时向签发单位党组织报告。

党员自带的党员组织关系介绍信或党员证明信应及时转移。党员不按期转移组织关系是组织观念淡薄的一种表现，也是党纪所不允许的。对于过期的党员组织关系介绍信或党员证明信，要调查了解，弄清原因，分清责任。对于那些无正当理由不及时转移党员组织关系，导致党员组织关系介绍信或党员证明信过期的，应给予严肃的批评教育。其中超过 6 个月不参加党的组织生活的，正式党员要按党章规定作自行脱党处理，预备党员要取消其预备党员资格。如系经办人员工作不慎造成的，要对经办人进行严肃的批评教育。过期的党员组织关系绍信或党员证明信作废，由开出党员组织关系介绍信（党员证明信）的单位另补转。

身兼多职的党员领导干部的组织关系。其党员正式组织关系应放在本人主要职务所在单位，参加那里的党组织活动。

党员流动中的组织关系办理。在党员流动中，党组织与党员都必须认真按照有关政策、规定办事。在人员流动问题上，单位与单位或个人与单位发生争议，应本着实事求是和互谅互让精神，通过充分协商，妥善处理。协商达不成共识的，应提交仲裁机构或有关主管部门进行仲裁，有关单位党组织应根据仲裁结论，确定是否办理转移党员组织关系手续。

与原单位解除劳动关系的党员组织关系转移。与原单位解除劳动关系的党员，流向比较集中的，原所在单位党组织应当与其所去单位或地方党组织做好衔接工作，为他们集体办理党员组织关系移交手续；流向分散的，原所在单位党组织也要主动向党员所去单位或地方党组织提供情况，帮助党员及时落实组织关系。党员所去单位或地方党组织原则上不能拒绝接收，暂时不具备接收条件的上级党组织要帮助解决实际困难，积极为这些党组织创造条件，并对其接收外来党员提出具体的时间等要求。

（二）做好高校毕业生党员组织关系管理工作

按照中央组织部的有关文件规定，为贯彻落实全面从严治党要求，从源头上抓好高校毕业生党员组织关系管理工作，确保每名党员都纳入党组织的有效管理和服务之中，应注意把握如下问题：

1. 对已落实工作单位的高校毕业生党员，其工作单位建立党组织的，应将组织关系及时转移到单位党组织。工作单位尚未建立党组织的，可将组织关系转移到单位所在地或本人居住地的街道、乡镇党组织，也可随同档案转移到县以上政府所属公共就业和人才服务机构党组织。

组织关系转出后，高校党组织要通过多种方式，加强跟踪联系，督促党员本人及时落实组织关系；对党员在转移组织关系中遇到问题和困难的，要协调接收单位党组织及时予以解决。由于接收单位发生变动等客观原因，导致组织关系介绍信逾期的，自党员组织关系转出之日起 6 个月内，高校党组织可根据党员本人提供的原凭证重新开具组织关系介绍信。

2. 对没有落实工作单位的高校毕业生党员，可将组织关系保留在原就读高校党组织（一般不超过两年），也可转移到本人居住地的街道、乡镇党组织，或随同档案转移到县以上政府所属公共就业和人才服务机构党组织。

对组织关系保留在原就读高校的毕业生党员，高校党组织要及时将其编入党的一个支部，安排专人定期联系，掌握其去向、现状等。要健全毕业生党员管理信息库，充分利用网络、微信等平台，开展形式多样的组织生活，积极帮助解决就业创业、学习生活等实际困难，努力使每名党员都能与党组织保持联系，自觉履行党员义务、行使党员权利。对其中的预备党员，高校党组织要依据有关规定做好转正工作。

3. 对出国留学和出境学习的高校毕业生党员，应将组织关系保留在原就读高校党组织。党员出国（境）前，高校党组织应要求其提交保留组织关系的书面申请，说明学习地点、时间、留学方式、联系方式、境内联系人等情况，经院（系）党组织审批后，报高校党委组织部登记备案。

高校党组织应通过适当方式做好党员在国（境）外期间的定期联系和教育管理工作。党员归来后，依据有关规定，做好恢复组织生活有关工作。

4. 接收单位党组织要认真负责地做好高校毕业生党员组织关系接收工作，收到组织关系介绍信后，要认真审查党员入党材料，核实党员身份信息，及时将党员编入党的一个支部，并在一个月内将组织关系介绍信回执联转给高校党组织，防止党员组织关系"挂空"。

对于入党材料不全、不规范的，接收单位党组织要及时与高校党组织联系核对，高校党组织要认真做好补办、完善工作。

5.组织关系保留在原就读高校党组织的时间一般不超过 2 年，对符合转出组织关系条件的及时转出。出国留学和出境学习的高校毕业生党员，其组织关系保留在原就读高校党组织时间一般不超过 5 年。

6.组织关系保留在高校党组织的高校毕业生党员（不含出国留学和出境学习的），超过 6 个月未与党组织联系，且经多方努力确实无法取得联系的；转出组织关系的高校毕业生党员，无正当理由超过 6 个月未到接收单位党组织接转组织关系的，由高校党组织依据党章和党内有关规定予以处理。

7.北京高校党组织关系转接需要在党员 E 先锋中完成。其操作如下图：

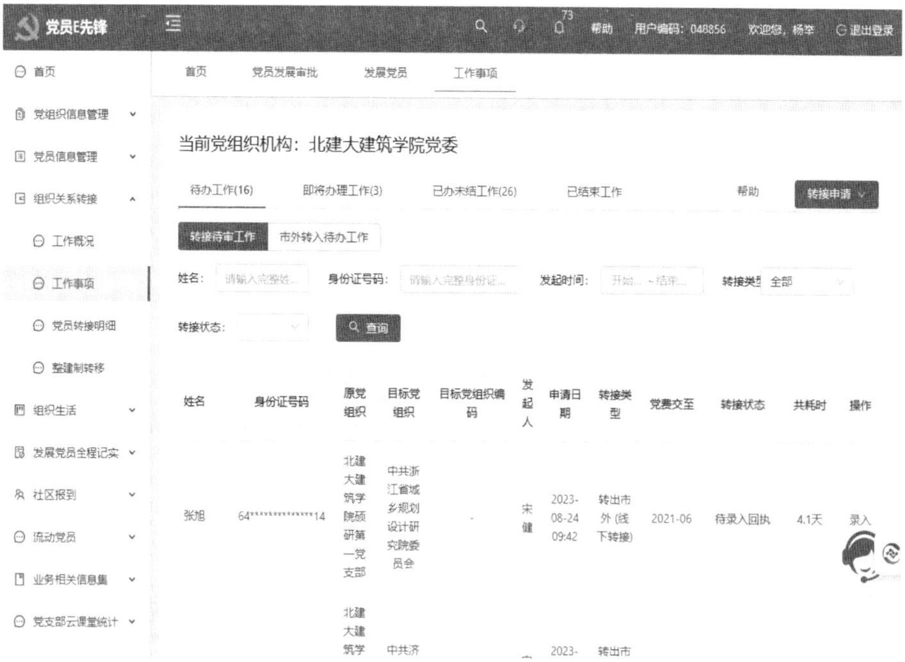

图三　党员 E 先锋审批接收转入党员

图四　党员 E 先锋党组织关系转接

三、指导党支部开展党的组织生活

高校专职组织员统筹指导党支部开展党的组织生活，包括"三会一课"、组织生活会、民主评议党员、谈心谈话等内容，要求每项工作都有记录、有结果。

（一）三会一课

1.党的组织生活的主要内容

党的组织生活是党的生活的重要内容，是党组织对党员进行教育、管理和监督的主要形式。其主要内容有：

（1）组织党员学习马克思列宁主义、毛泽东思想、邓小平理论、"三个代表"重要思想、科学发展观、习近平新时代中国特色社会主义思想，学习党的路线方针和政策，学习党章党规，学习党的基本知识、时事政治，学习科学、文化法律和业务知识，以不断提高党员的思想政治觉悟和业务技能，增强党性修养。

（2）传达中央及上级党组织的文件、指示，并组织党员学习讨论，领会其精神，同时结合本单位、本部门的实际，讨论本支部贯彻执行的计划和措施，提出意见和建议。

（3）听取党员思想汇报，检查党员工作、学习及完成党组织交办的任务的情况。

（4）认真开展批评和自我批评，以达到既弄清思想、分清是非，又团结同志共同提高的目的。

（5）分析群众的思想情绪，反映群众的意见和要求，维护群众的正当权益和利益。研究加强和改进群众思想政治工作的措施与意见。

（6）讨论发展党员的工作计划，制定培养、教育、考察积极分子的措施，讨论接收预备党员及预备党员的转正问题。

（7）检查全体党员执行党章的情况和遵守国家法律、法令的情况；讨论党内在党风党纪方面存在的问题，处理违纪党员和不合格党员；表彰优秀党员。

（8）开展适合党员特点的活动。如组织党员参观革命圣地、观看电化教育片参加社会公益活动等。

（9）通过支委会和支部党员大会，讨论决定本支部的重大问题及相关事宜。

2. 党的组织生活的一般形式

（1）党支部党员大会

党支部党员大会是党支部的议事决策机构。由全体党员参加，根据会议内容的需要，有时可以吸收非党干部或入党积极分子列席。党支部党员大会一般每季度召开1次，党支部可以根据工作需要，提前召开党支部党员大会或适当增加大会次数。党支部党员大会由党支部书记召集并主持。书记不能参加会议的，可以委托副书记或者委员召集并主持。

党支部党员大会的职权是：

①听取和审查党支部委员会的工作报告。

②按照规定开展党支部选举工作，推荐出席上级党代表大会的代表候选人，选举出席上级党代表大会的代表。

③讨论和表决接收预备党员和预备党员转正、延长预备期或者取消预备党员资格。

④讨论决定对党员的表彰表扬、组织处置和纪律处分。

⑤决定其他重要事项。

党支部党员大会议题由党支部委员会根据上级党组织的指示和工作需要确定会讨论。并由党支部委员会在会前通知党员。党支部党员大会议题提交表决前，应当经充分讨论。表决必须有半数以上有表决权的党员到会方可进行，赞成人数超过应到会有表决权的党员的半数为通过。

（2）党支部委员会

党支部委员会是党支部日常工作的领导机构，在党员大会闭会期间负责处理。党支部委员会每届任期一般为 3 年，其中，村和社区党支部委员会每届任期为 5 年。党支部委员会会议一般每月召开 1 次，根据需要可以随时召开，对党支部重要工作进行讨论、作出决定等。党支部委员会会议由党支部书记召集并主持。书记不能参加会议的，可以委托副书记或者委员召集并主持，党支部委员会会议须有半数以上委员到会方可进行。重要事项提交党员大会决前，一般应当经党支部委员会会议讨论。党支部委员会会议的主要内容包括：

①研究贯彻执行上级党组织的决议和指示。

②讨论研究党支部工作计划、总结、重要活动的安排和部署等。

③讨论研究党员发挥先锋模范作用的问题，保证完成生产、科研、行政工作及学习、培训等任务。

④讨论研究党员教育管理工作和思想政治工作。

⑤讨论研究培养发展新党员方面的问题。

⑥讨论研究选拔、调整干部方面的问题。

⑦讨论研究协调工、青、妇等群众组织工作方面的问题。

（3）党小组会

党员人数较多或者党员工作地、居住地比较分散的党支部，按照便于组织开展活动原则，应当划分若干党小组。党小组是党支部的组成部分，是在党支部导下对党员进行管理的一种组织形式，不是党的一级组织。党小组主要落实党部工作要求，完成党支部安排的任务。党小组应当设立党小组组长，党小组组长由党支部指定，也可以由所在党小组党员推荐产生。

党小组会是党员参加党内组织生活的一种最经常最普遍的方式。党小组会一般每月召开1次，由党小组组长召集并主持，组织党员参加政治学习、谈心谈话、开展批评和自我批评等。党小组会的具体内容一般围绕党的中心工作和党支部的近期工作，结合本小组的实际情况确定，每次解决一两个问题，通常有以下内容：

①组织党员学习。

②研究贯彻执行支部决议和各项工作任务。

③听取党员的思想和工作情况汇报。

④开展民主评议活动。

⑤研究对党员的处理和处分。

⑥研究发展新党员和评选优秀党员的有关事项。

（4）党课

党课是党为对党员和入党积极分子进行教育而开的课。我们通常说的"三会一课"中的"一课"就是指党课。上党课是我们党在长期党员教育实践中总结出来的一种行之有效的党员教育方式。党课一般每季度安排1次，党课应当针对党员思想和工作实际，回应普遍关心的问题，注重身边人讲身边事，增强吸引力感染力。上党课的一般程序是：

①制定计划。基层党委在年初应对全年党课的安排作出计划。安排包括骨干培训、授课内容、教材安排以及时间、要求等。党课的内容可参阅党员教育的内容。党课教育的选题范围很广泛，可以是党的路线、方针、政策方面的教育，也可以是党的基本知识方面的教育，还可以是国际国内形势方面的教育，等等。但是，党课教育的具体选题一定要与党的中心工作和党员的

思想实际紧密结合，做到有的放矢。也就是说，党课教育要有针对性，应当针对党员思想和工作实际，回应普遍关心的问题，注重身边人讲身边事，增强吸引力感染力。要抓好党课教员队伍的建设，提倡党组织主要负责人或上级党组织负责人带头讲党课，党员领导干部应当定期为基层党员讲党课，党委（党组）书记每年至少讲1次党课。近年来，有些党的基层组织请优秀党员讲党课，现身说法，或利用电化教育等手段上党课，效果也很好。

②认真备课。上课前，授课人应先写出讲稿或提纲。为提高授课质量，授课人可以采取召开小型座谈会、问卷调查、个别访谈等方式，搜集和分析党员思想状况，然后选好讲课的题目并写好讲稿。基层党委有关部门要试听和指导，必要时，要集体备课。党课时间一般以40—100分钟为宜。

③组织上课。上课前几天，党组织应通知全体党员先学习一些相关材料做好思想准备。授课前，要准备好讲台、授课板、多媒体等设备。每次上课要做好登记，内容包括课题、时间、授课人、到课人数、缺课人数。授课人要讲究授课艺术，注意开好头、结好尾，语言要生动，要努力做到深入浅出、生动形象，以引人入胜的感染力，增强党课的吸引力和有效性。

④课后的学习讨论。授课后，一般应组织党员进行深入讨论，并联系思想实际和工作实际进行对照检查。

（二）主题党日

党支部每月相对固定1天开展主题党日，组织党员集中学习、过组织生活、进行民主议事和志愿服务等。主题党日开展前，党支部应当认真研究确定主题和内容。开展后，应当抓好议定事项的组织落实。

（三）组织生活会

组织生活会是以交流思想、总结经验教训、开展批评和自我批评为中心内容的组织生活的一种形式。党支部每年至少召开1次组织生活会，一般安排在第四季度，也可以根据工作需要随时召开。组织生活会一般以党支部党员大会、党支部委员会会议或党小组会形式召开。专职组织员一般要列席学生党支部的组织生活会。

组织生活会应当确定主题，会前认真学习，谈心谈话，听取意见；会上查摆问题，开展批评和自我批评，明确整改方向；会后制定整改措施，逐一整改落实。

组织生活会的基本内容是：

（1）学习党的基本理论，不断进行思想修养和思想改造的情况。

（2）贯彻执行党的路线、方针、政策和上级党组织的决议情况。

（3）完成党组织交给的任务，履行党员义务的情况。

（4）在关键时刻经受考验的情况，包括严峻的政治斗争面前和当人民的生命财产遭受损失以及面临严重困难，需要党员个人作出牺牲时的表现情况。

（5）在平时工作、学习、生活中处理国家、集体、个人三者利益，服从党和人民利益、服从整体利益的情况。

（6）遵纪守法的情况。

（7）深入实际、联系群众、做群众思想工作的情况。

（8）艰苦奋斗、廉洁奉公、全心全意为人民服务的情况。

（9）开展积极的思想斗争，自觉地同错误思想和行为作斗争的情况。

组织生活会一般由党支部书记（党小组长）主持。主持人首先要宣布党员到会情况和会议着重要解决的问题。然后组织引导党员开展批评和自我批评，其主要方法有：

（1）要引导党员联系思想实际，认真检查自己的工作、学习情况，检查执行党的路线、方针、政策及支部决议的情况，检查发挥党员先锋模范作用的情况，注意不要把组织生活会开成不联系思想实际而泛泛谈工作的"工作汇报会"。

（2）选好第一个发言和第一个提批评意见的人。党支部书记（党小组长）应有意地提示让那些敢于解剖自己的同志首先发言，让敢于开展批评的同志第一个对其进行批评。这样有利于创造严肃认真的氛围。一般来讲，应让领导带头，这样才有感染力。实践证明，第一个发言和第一个提出的批评意见的质量如何，将决定整个生活会的质量。所以党支部书记（党小组长）

要把好这一关。

（3）在组织生活会上，每个党员在做完自我批评之后，要发动大家帮助他画个像。即这个党员到底怎么样，优点是什么，缺点是什么，要客观地、全面地指出来，使大家的意见真正符合本人的实际。

（4）按照"惩前毖后，治病救人"的方针，摆事实，讲道理，既要弄清问题又要团结同志。不能采取"事不关己，高高挂起"的自由主义态度。防止把组织生活会开成单纯的"自我小结会"。

（5）对问题比较多的党员，采取重点剖析的方法。实际上，有问题的党员能否认真检查问题，大家能否对他进行认真负责的批评，是组织生活会能否开好的关键。对这些党员，一定要重点帮助，重点进行评议，并组织党员剖析产生问题的原因。然后，大家对照自己，吸取教训。这样，既能解决重点党员的问题，同时也教育了大家。

（四）民主评议党员

民主评议党员是加强党的建设的一项重要制度。1988年12月，中共中央批转中央组织部《关于建立民主评议党员制度的意见》，正式建立了这项制度。民主评议党员就是按照党章规定的党员标准，通过对党员的正面教育、自我教育和党内外群众的评议以及党组织的考核，对每个党员在工作中的表现和作用作出客观的评价，并通过组织措施，达到激励党员、纯洁组织、整顿队伍的目的。建立民主评议党员制度，是从严治党，加强党员教育、管理和监督的有效措施。中国共产党第十八届中央委员会第六次全体会议通过的《关于新形势下党内政治生活的若干准则》明确指出：坚持对党员进行民主评议。督促党员对照党章规定的党员标准、对照入党誓词、联系个人实际进行党性分析，强化党员意识、增强党的观念、提高党性修养。对党性不强的党员，及时进行批评教育，限期改正；经教育仍无转变的，应劝其退党或除名。

组织员在抓党员管理工作时，要指导相关党组织坚持民主评议党员制度，搞好民主评议党员工作，并以此推动党员管理工作。民主评议党员工作应注意把握好以下几点：

（1）民主评议党员要坚持的原则：一是实事求是的原则。在民主评议过程中，要坚持摆事实讲道理，既不降低党员标准，又不提空泛过高的要求；既要对照标准严格要求，又不搞上纲上线，蓄意整人。二是民主公开的原则。要尊重党员的民主权利，让广大党员充分发表意见，并认真听取党外群众的评议意见。对不合格党员的处置意见要与本人见面，并允许申辩。三是平等原则。党员在评议标准面前人人平等，无论是普通党员还是党员领导干部，都要一视同仁，严格要求。

（2）民主评议党员的内容，主要依据党章规定的党员标准。具体内容应当根据当前的形势和任务对党员的要求，根据现阶段党员发挥先锋模范作用的要求和特点来确定。不同地区还应当结合当地的实际情况确定和补充具体内容。一般来说，民主评议党员的基本内容包括：是否具有坚定的理想信念；是否坚持四项基本原则，坚持改革开放，把实现现阶段的共同理想同脚踏实地地做好本职工作结合起来，全心全意为人民服务；是否坚决贯彻执行党在社会主义初级阶段的基本路线和各项方针政策，在思想上政治上行动上同以习近平同志为核心的党中央保持高度一致，为推动生产力的发展和社会主义精神文明建设作出贡献；是否站在改革的前列，维护改革的大局，正确处理国家、集体、个人之间的利益关系，做到个人利益服从党和人民的利益，局部利益服从整体利益；是否坚决执行党的决议，遵守国家法律法规，坚决做到令行禁止；是否密切联系群众，关心群众疾苦，艰苦奋斗，廉洁公道，自觉维护人民群众的利益；是否廉洁自律，克己奉公。

（3）民主评议党员工作，要在各级党委的领导下，以党支部为单位，有计划、有步骤地进行。时间一般相对集中。民主评议的实施步骤通常为：

①学习教育阶段。学习内容以党章、邓小平理论、"三个代表"重要思想、科学发展观、习近平新时代中国特色社会主义思想为基本内容，还要学习中央有关文件等，也可结合当地实际和评议内容学习有关文件。着重抓好习近平新时代中国特色社会主义思想的教育、理想宗旨教育、党风党纪教育。

②自我表现评价阶段。主要是对照党员标准和评议内容进行。要联系个

人的思想实际和工作实际，自觉清理思想，检查言行，肯定成绩，找准存在的问题及根源，在是否合格上进行自我认定。自评前，应认真、如实地写好个人的总结材料，并主动征求党内外群众意见。个人总结写好后要经党支部审定，然后由党员在党支部大会上进行自我总结。

③党内外评议阶段。先在党支部或党小组内进行党内互评。评议中要认真开展批评和自我批评，敢于触及矛盾和问题，避免不负责任的评功摆好。党员领导干部应带头解剖自己，带头接受批评，带头评议别人。对不宜公开批评的问题，可通过意见箱或同党员个别谈话等方式，让党员充分发表意见。党内互评后，可采取座谈会或民意测验的方法，听取党外群众对党支部和党员的意见。

④组织考察阶段。召开支部委员会，将各方面对党员的评价和反映进行综合分析，提出初步意见，对需要核实的情况进一步调查核实。然后提交党员大会讨论，按照少数服从多数的原则，形成正式组织意见。评议的等次一般分为：优秀、合格、基本合格、不合格。对确定为优秀党员和不合格党员的，要报上级党委审批。

⑤表彰、处理阶段。经过民主评议，对一致公认表现好的党员，由基层党组织通过口头或书面形式进行表扬，对突出的优秀党员，报上级党委给予表扬；对合格党员要给予肯定和鼓励；对基本合格党员要指出差距、帮助改进；对不合格党员要按照有关政策规定进行处理。

（五）谈心谈话

党支部应当经常开展谈心谈话。党支部委员之间、党支部委员和党员之间、党员和党员之间，每年谈心谈话一般不少于1次。谈心谈话应当坦诚相见、交流思想、交换意见、帮助提高。

党支部应当注重分析党员思想状况和心理状态。对家庭发生重大变故和出现重大困难、身心健康存在突出问题等情况的党员，党支部书记应当帮助做好心理疏导；对受到处分处置以及有不良反映的党员，党支部书记应当有针对性地做好思想政治工作。

四、做好党费收缴、使用和管理

专职组织员在党委领导下，负责发展党员工作、党员教育、管理工作及其党务工作。一般情况下，高校专职组织员负责布置各党支部按时收缴党费，收缴完成后统一交与党政办公室，由党政办公室上交财务部门。党费的使用和管理由党委统筹。

（一）党费收缴

1. 党员交纳党费的意义

党章规定，年满18岁的中国工人、农民、军人、知识分子和其他社会阶层的先进分子，承认党的纲领和章程，愿意参加党的一个组织并在其中积极工作、执行党的决议和按期交纳党费的，可以申请加入中国共产党。我们党历来都把党员向党组织按期交纳党费，作为党员必须具备的起码条件之一。按期交纳党费，是党员应尽的义务，是对党员党性的检验，也是党员关心党的事业的一种表现。党员交纳的党费不仅可以作为党组织活动经费的补充，给党组织以经济上的帮助，更重要的是可以增强党员的组织观念。每个党员应当增强党员意识，在规定的时间内主动按规定交纳党费。党的基层组织对不按期交纳党费的党员，要及时给予批评教育。对无正当理由连续6个月不交纳党费的党员，应当按党章规定作出处理。

2. 党员交纳党费的基本要求

党员交纳党费的基本要求主要包括三个方面：

（1）自觉。党员交纳党费应当做到自觉、主动，一般应由本人亲自交给党支部或党小组负责收缴党费的同志。

（2）按时。按照党章要求和有关规定，党员交纳党费一般应当按月交纳，不能无故拖延。如遇特殊情况，经党支部同意，可以预交或补交党费，但预交或补交党费的时间一般不得超过6个月。对无正当理由，连续6个月不交纳党费的按自行脱党处理。

（3）足额。党员交纳党费应当根据个人的实际收入，按照规定的比例和标准交纳，不准隐瞒收入或减小交纳党费基数少交党费。基层党组织年初核定党员月交纳党费数额，年内一般不变动。每名党员月交纳党费数额一般不超过 1000 元，根据自愿可以多交，自愿一次多交 1000 元以上的，比照交纳大额党费有关规定办理。

3.按月领取工资的党员交纳党费的计算基数

按月领取工资的党员主要包括党政机关、人民团体、各类企业事业单位中按月领取工资的党员，也包括各类非公有制经济组织、社会组织中按月领取工资的党员。

按月领取工资的党员交纳党费的基数包括：机关工作人员（不含工人）的职务工资、级别工资、津贴补贴；事业单位工作人员的岗位工资、薪级工资、绩效工资、津贴补贴；机关工人的岗位工资、技术等级（职务）工资、津贴补贴；企业人员工资收入中的固定部分（基本工资、岗位工资）和活的部分（奖金）。列入交纳党费计算基数的津贴补贴是指：根据国家关于规范津贴补贴的有关规定，对各地各单位干部职工普遍发放的规范津贴补贴（工作性津贴和生活性补贴）。

（1）党费计算基数不包括以下项目：个人所得税，养老保险、医疗保险、失业保险、工伤保险、生育保险、住房公积金（含个人和单位缴纳部分）、职业年金、企业年金，住房补贴、交通补贴、公务用车补贴、通信补贴、加班补贴、误餐补贴、取暖费、防暑降温费、物业费等改革性补贴，以及针对少数地区、部分单位特殊岗位、部分人员发放的津贴补贴。比如，艰苦边远地区津贴、法院检察院办案津贴、审计补贴、纪检监察办案人员补贴、公安值勤岗位津贴、密码人员岗位津贴、信访岗位津贴、有突出贡献专家享受的政府特殊津贴等。

（2）机关事业单位党员的绩效工资中的基础性绩效工资应列入党费计算基数。年底或年中发放的绩效工资属于奖励性补贴或奖励性绩效，不属于相对固定的经常性的工资收入，不列入党费计算基数。企业人员党员不定期、非普遍发放的奖金和绩效工资，不列入党费计算基数。

（3）实行年薪制人员党员，每月以当月实际领取的薪酬收入为党费计算基数，不包括前面"党费计算基数不包括以下项目"所明确的个人所得税、"五险三金"等6类18项具体项目。

（4）科研人员党员在促进科技成果转移转化中取得的奖励和报酬，不列入党费计算基数。

（5）离退休干部、职工党员交纳党费，以基本离退休费或基本养老金为党费计算基数，不包括津补贴。对已纳入社保发放离退休工资且工资不好区分基本养老金和津补贴的，可按照本地区本单位同等收入离退休干部、职工党员交纳党费数额大致相当的原则确定党费交纳基数。国有企业在退休人员社会化管理工作中向地方移交退休职工党员时，应当向接收地党组织同时提供退休职工党员的党费。

（6）在校全日制学习的硕士研究生、博士研究生党员按学生党员标准交纳党费。在职人员就读硕士、博士按在职人员工资收入的相应比例交纳党费。

4. 党员交纳党费计算基数的"税后"的计算

交纳党费计算基数的"税后"是指：列入交纳党费计算基数的各项收入之和扣除应缴纳的个人所得税和"五险三金"后的余额。例如，某省市机关单位的党员，某月单位为其发放的工资和各项津贴补贴的项目有：职务工资、级别工资、工资改革保留补贴、规范的工作性补贴和生活性补贴，住房提租补贴、通讯补贴、交通补贴、医疗补贴、住房公积金等。按照《中国共产党党费收缴、使用和管理的规定》第一条和前面"按月领取工资的党员交纳党费的计算基数"的解释，职务工资、级别工资、工资改革保留补贴、规范的工作性津贴和生活性补贴列入交纳党费计算基数，其他收入项目不列入交纳党费计算基数。上述列入交纳党费计算基数的各项收入之和扣除该党员缴纳的个人所得税和"五险三金"后的余额，即为其税后交纳党费的基数。

5. 党员交纳党费的比例

党员交纳党费的比例为：每月工资收入（税后）在3000元以下（含3000元）者，交纳月工资收入的0.5%；3000元以上至5000元（含5000元）者，交纳1%；5000元以上至10000元（含10000元）者，交纳1.5%；

10000 元以上者，交纳 2%。离退休干部、职工中的党员，每月以实际领取的离退休费总额或养老金总额为计算基数 5000 元以下（含 5000 元）的按 0%交纳党费，5000 元以上的按 1% 交纳党费。

6. "超额累进制"和"全额累进制"

"超额累进制"和"全额累进制"是税收工作中通常采用的两种缴税方法。"超额累进制"根据不同的税基，分段按不同比率计算之后加总，计算起来比较麻烦。"全额累进制"对于不同的税基不需分段计算和加总，不同的税基按同一比率计算起来比较方便。考虑到党员交纳党费的比例上下两个档次之间只相差 0.5 个百分点，差距不大，为简便易行，2008 年颁发的《关于中国共产党党费收缴、使用和管理的规定》中，对不同收入档次的党员以不同比例交纳党费，采用了"全额累进制"办法。据了解，历次关于党费收缴的文件在规定党员交纳党费办法时，也都是按"全额累进制"办法收缴党费的。

例如：某月，党员甲和党员乙交纳党费的基数分别为 5100 元和 4900 元。甲交纳党费属于 5000 元以上至 10000 元（含 10000 元）的档次，应按 1.5%交纳费，本月需交纳党费 76.5 元（5100×1.5%）；乙交纳党费属于 3000 元以上至 500 元（含 5000 元）的档次，应按 1% 交纳党费，本月需交纳党费 49 元（4900×1%）。

7. 不按月取得收入的党员交纳党费的规定

不按月取得收入的党员是指既不拿年薪也不按月领取薪酬的党员，主要包括个体工商户、个体经营者、私营企业主、民办非企业单位出资人、自由职业者等人员中的党员。

对不按月取得收入的个体经营者等人员中的党员交纳党费，要按照自觉、主动的原则办理。这些党员能否自觉、主动交纳党费，是衡量他们党员意识和党性强弱的一个重要标志。党员组织关系所在党组织首先要把党员交纳党费的相关规定向党员本人讲清楚，然后，由党员本人主动申报上季度月平均收入，自觉参照相关规定交纳党费。

8. 实行年薪制人员中的党员交纳党费的规定

对于实行年薪制人员中的党员，不兑现年终绩效的月份，每月以实际领取的薪酬收入核定党费计算基数交纳党费，年内一般不变动；兑现年终绩效的当月，以实际领取的薪酬收入核定党费计算基数，交纳党费超过1000元，可以以1000元为交纳限额，自愿多交者不限；党费计算基数中，不包括前面党费计算基数，不包括已明确的个人所得税、"五险三金"等6类18项具体项目。

例如：某实行年薪制人员党员年薪40万元，其中，基本薪酬为6万元，与绩效挂钩的薪酬为34万元。1—11月每月领取基本薪酬5000元，则以5000元核定党费计算基数交纳党费；12月兑现与绩效挂钩部分薪酬时领取的薪酬和按月领取的薪酬之和为34.5万元，则以34.5万元核定党费计算基数，交纳党费超过1000元，可以以1000元为交纳限额，自愿多交者不限。

9. 离退休干部、职工中的党员交纳党费的规定

离退休干部、职工中的党员，以基本离退休费或基本养老金为计算基数，不包括津补贴。对已纳入社保发放离退休工资且工资不好区分基本养老金和津补贴的，可按照本地区本单位同等收入离退休干部、职工党员交纳党费数额大致相当的原则确定党费交纳基数。5000元以下（含5000元）者按0.5%交纳党费，5000元以上者按1%交纳党费。

10. 学生党员交纳党费的规定

在校就读的高中（中专）、大专、大学本科学生党员，每月交纳党费0.2元。在校全日制学习的硕士研究生、博士研究生中的党员，按学生党员标准交纳。在职人员就读硕士、博士按在职人员工资收入的相应比例交纳党费。

11. 毕业后尚未就业的学生党员交纳党费的规定

对于尚未落实就业去向，按有关规定将党员组织关系保留在原就读学校党组织的学生党员，仍向原就读学校党组织交纳党费，其交纳党费的数额，按在校学生党员交纳党费标准执行。

12. 流动党员外出期间交纳党费的规定

流动党员外出期间交纳党费的标准，已在流入地就业的，参照相关规定

执行；对未就业的流动党员，其中有固定收入的，仍按其原交纳党费的标准执行，没有固定收入的按每月不低于0.2元的标准交纳党费。

流动党员外出期间一般应向流入地党组织交纳党费。由流出地党组织在流入地建立党组织并进行管理的流动党员，外出期间一般应向在流入地建立的党组交纳党费；因外出地点变动频繁未能落实接收组织关系单位的流动党员，可仍向流出地党组织交纳党费，也可在落实接收组织关系单位后，向流入地党组织补交党费。根据《关于进一步规范党费工作的通知》，基层党组织可根据流动党员等群体实际情况，探索网上交纳党费的具体办法。

13.没有经济收入或交纳党费确有困难的党员交纳党费的规定

没有经济收入的党员、下岗失业的党员、依靠抚恤或救济生活的党员、领取当地最低生活保障金的党员，每月交纳党费0.2元。对由于经济困难本人提出申请，或因患病无法正常表达自己的意愿，或者其他特殊情况，交纳党费确有困难的党员，经党支部研究，报上一级党委批准后，可以少交或免交党费。

14.基层党组织收缴党费应该注意的事项

基层党组织的组织委员或党小组长，在收缴下级党组织或党员的党费时，应当注意以下几个问题：

（1）准确核定党员交纳党费的计算基数和数额。要认真区分每一个党员的收入构成，不能图省事、嫌麻烦，笼而统之。

（2）党费的收缴必须公开、透明。收缴党员个人党费必须认真填写并出具党费收据，作为党员个人交纳党费的凭证。党支部应当每年至少向党员公布一次党费收缴情况，接受党员的监督。

（3）手续必须完备，党小组长、组织委员和专兼职党费管理人员等党费收缴人员，在党费收缴的往来票据上，按规定要由收款人、经手人签字，立卷存档以备查询；收缴党费要做到账账相符、账款相符。

15.下级党组织上缴党费时应该注意的事项

（1）党员交纳党费数要准确。下级党组织向上级党组织上缴的党费数是按党员交纳党费总数的一定比例计算的。党员交纳党费总数，应当是本级党组织在没有留存之前党员实际交纳党费的总额。

（2）上下级党组织之间，下拨与上缴的党费不能冲销。即应该上缴的党费必须足额上缴，党组织活动经费紧张、确需上级党组织支持的，可以申请党费支持，但不能用上级党组织下拨的党费冲销应当上缴的党费。

（二）党费使用

1. 党费使用的原则

党费使用应遵循"统筹安排、量入为出、收支平衡、略有结余"的"十六字"原则。可以从以下几个方面来理解：

（1）注意统筹安排。各级党组织在使用党费时，要对《中国共产党党费收缴、使用和管理的规定》的五项基本用途进行统筹考虑，既不要顾此失彼，也不搞绝对平均。要增强使用党费的计划性，使有限的党费发挥最大的效能。

（2）力求收支平衡。一个地区、单位的党员队伍的规模和职业构成具有相对稳定性，决定了党费收入也具有相对稳定性。因此，对每年能收缴多少党费要做到心中有数，安排全年的党费使用计划应当以本地区、本单位党费实际收缴和留存的党费为依据，做到量入为出、大体平衡。

（3）应当有适当结余。由于有的党费开支往往是无法预知的，所以使用党费应当留有余地，不能全部花光。比如，应对突发的自然灾害，这就要求各级党组织必须有一定的党费结余，以备用于补助遭受严重自然灾害的党员和修缮因灾受损的基层党员教育设施。这是党费使用和管理的一条基本要求。

另外，使用党费还应做到公开透明。

2. 党费使用的范围

党费必须用于党的活动，主要作为党员教育经费的补充，其具体使用范围包括：

（1）培训党员。主要用于对广大共产党员进行政治理论、实用技术等方面培训以及开展主题教育实践活动所发生的费用。在实际工作中，应着眼于使一个单位、一级党组织范围内的大多数党员或某一类别的党员普遍受益。

（2）订阅或购买用于开展党员教育的报刊、资料、音像制品和设备。必须直接用于订阅和购买以党员教育为主要目的的报刊、资料、音像制品和设备，对于冒用党员教育工作的开支不能使用党费。

（3）表彰先进基层党组织、优秀共产党员和优秀党务工作者。包括购买或制作奖状、荣誉证书、奖牌、奖章、奖品的费用，表彰大会会议资料的印刷费用，会议室和交通工具的租赁费用等，也包括必要的现金奖励费用。表彰应以精神鼓励为主，不提倡过高的物质奖励。

（4）补助生活困难的党员。包括用于对老党员的定期生活补贴、对生活困难党员的一次性生活补助，以及对老党员、生活困难党员发放慰问物品的费用。

（5）补助遭受严重自然灾害的党员和修缮因灾受损的基层党员教育设施。包括用于直接发放慰问金、救灾物资给受灾党员，修缮基层党组织因灾受损的活动场所、电教设备等教育设施的费用。

在遵循党费使用以上五项基本用途的前提下，以下具体使用项目可以从党费中列支：

（1）教育培训党员和入党积极分子、基层党务工作者所产生的住宿费、伙食费、交通费、师资费、场地费、资料费、门票费、讲解费等。

（2）开展"三会一课"、创先争优、党组织换届以及党内集中学习教育所产生的会议费等。

（3）党内表彰所需费用。

（4）修缮、新建基层党组织活动场所、为活动场所配置必要设施等所产生的相关费用。

（5）编印党员教育培训教材和印制入党志愿书、党员组织关系介绍信、党员证明信、流动党员活动证、党费证（收据）、党员档案等所产生的工本费以及购买党徽党旗等费用。

（6）党费财务管理中发生的购买支票、转账手续费等相关费用。

上述项目的开支标准，参照财政部有关规定执行。上级党组织要指导基层党委在留存党费中向党支部划拨一定额度，主要用于订阅党报党刊、开展支部活动等。使用党费必须符合以上各项规定，不能随意扩大党费使用范围，不符合规定的一律不得开支。需要指出的是，党费仅仅是党员教育经费的补充，完全靠党费来开展党员教育工作是远远不够的，因此，即使是符合使用范围的开支项目，也不能完全依赖于党费开支。

3.建立健全党费使用的审批制度

党费使用审批制度，是保证正确合理使用党费的重要措施。党费使用审批制度主要应包括三个方面的内容：

（1）明确审批权限。使用和下拨党费，必须集体讨论决定，不得个人或者少数人说了算。请求下拨党费的请示，应当向上一级党组织提出，不得越级申请。

（2）履行审批手续。党费开支的所有票证和单据，要按照审批权限经有关领导同志和经手人签字，证明具体用途方可入账。

（3）严格使用范围。对于不符合党费使用范围的，不得在党费中开支。

（三）党费管理

要严格履行党费使用审批手续，坚持勤俭节约原则，精细合理使用党费。

1.党费的具体财务工作的代办

党费工作的业务管理和财务管理应当分开，财务管理工作由党委组织部门内设财务机构或同级党委的财务机构（如办公室、财务科、会计结算中心等）代办党费的具体财务工作，主要指资金核算、往来结算、会计核算、账务管理、会计监督等。党费的具体财务工作由财务机构代办，有利于充分发挥财务机构设备齐全有专业财务人员的优势，提高党费财务管理水平。具体财务工作和党费管理工作适当分开，也有利于形成党费工作监督制约机制，加强党费工作的检查与监督。需要指出的是，党费具体财务工作由党委组织部门内设的财务机构或者同级党委的财务机构代办，不是党费管理权限的移交；属于党费使用范围、项目及额度方面的具体管理工作，如党费支出计划的制定、审批，党费使用项目的报批、审批党费收缴、使用和管理情况报告的起草，党费工作的检查监督等工作，仍然由党委组织部门及其承担党员教育管理职能的内设机构负责办理。党费具体财务工作人员一般应具备会计从业资格。党费具体财务工作由党员管理机构移交财务机构管理的，原党费账户、印章等仍可继续使用。党委组织部门及其承担党费管理的机构应当会同财务机构，根据财务管理规定和党费工作特殊性，研究制定具体的管理办法。

2. 党费管理实行会计和出纳分设

内部牵制原则是财务工作的基本原则之一。党费管理实行会计、出纳分设，既是国家有关法律法规的要求，也是党费财务工作实践的客观需要。根据《中华人民共和国会计法》规定，凡是涉及款项和财物收付、结算及登记的任何一项工作，必须由两人或两人以上分工办理，以起到相互制约的作用。党费财务管理实行钱、财分管，有利于加强会计、出纳人员之间的相互制约、相互监督，防止营私舞弊行为的发生，维护党费的安全。

3. 党费账户的设立及具体要求

根据中央组织部办公厅、中国人民银行办公厅联合下发的《关于党费账户继续单独设立的通知》规定，各级党组织将党费存入银行时，应当单独设立党费专用存款账户，不得同其他费用混在一起，不得按其他款项存入银行。开立党费用存款账户时，应当向银行出具单位按《人民币银行结算账户管理办法》及其实施细则规定开立专用存款账户的证明文件。党费账户的名称为党的组织机构名称（如，中国共产党××委员会，中国共产党××委员会组织部，中共××委员会，中共××委员会组织部，××党委，××党委组织部，××党群工作部，××党务工作部，×政治部等），预留银行签章应与账户名称一致。各地各单位党组织的公章有用全称的，也有用简称的，均可作为党费账户的名称。

4. 各级党组织存入银行的党费利息的计付

经中央组织部与中国人民银行商定，自1988年1月1日起，正式恢复各级党组织党费存款计息。因此，各级党委组织部门可以到指定党费存款业务的银行办理有关手续。

根据中国人民银行规定，党费的存款利率按企业存款利率执行，银行对企业存款利率调整时，党费利率也应及时调整。党费既可存活期、定期存款，也可按与银行协议存款的方式进行存款。

5.党费存款利息使用范围的规定

党费利息是党费收入的一部分，列入党费收入有关科目。党费利息的使用范围与党费本金的使用范围相同，必须按照有关规定的各项开支范围执行，不得挪作他用。

6.党费管理工作人员工作调动或离职时的处理办法

党费管理工作人员变动时，要严格按照党费管理的有关规定和财务制度办好交接手续。

（1）交接双方必须当面进行交接。调出或离职人员必须将本人掌握的党费会计资料和会计信息全部移交给接交人员，同时还要保证所移交资料和信息的真实准确和完整。

（2）交接必须有监交人员负责监督，必要时上级党组织可派人监交，或者可以由上级党委组织部门派人临时接管党费。

（3）交接双方应当按照移交清册所登记的事项逐项移交，并逐项核对。主要包括：现金、有价证券、会计凭证、会计账簿、票据、印章等。

（4）交接工作完成后，交接双方和监交人员应当在移交清册上签名或盖章。对需要移交的遗留问题，应当写出书面材料详细说明。

7.党费收缴、使用和管理情况的报告

党的基层委员会和各级地方委员会应当在党员大会或者党的代表大会上，向大会报告（或书面报告）党费收缴、使用和管理情况，接受党员或者党的代表大会代表的审议和监督。

（1）报告的主要内容包括：党费收缴、使用和管理工作的基本情况，党费收缴、使用和管理工作中存在的问题和主要原因；改进和加强党费收缴、使用和管理。

（2）报告材料的起草要坚持实事求是的原则，报告的内容要属实，提供的数据要准确；既要肯定工作成绩、又不回避存在的问题，同时要针对存在的问题提出改进意见。

8. 党费收缴和使用情况的公布

党组织要把党费收缴使用管理情况作为党务公开的一项重要内容，认真做好党费收支情况公示工作。定期公布党费收缴和使用情况，既能提高党员交纳党费的积极性，还能及早发现、消除党费收缴和使用工作中出现的差错和问题。党支部应当每年至少向党员公布 1 次党费收缴和使用情况，由党支部书记在党员大会上向全体党员进行公布，并在会议室或其他显著位置张贴上墙，接受党员监督。

9. 党费年度工作报告的起草及其主要内容

为起草好党费年度工作报告，党委组织部门要尽早作出准备，逐项核实收支项目，做到账款相符。如出现有违章开支等问题，也应如实报告，接受审查。要认真总结本地区、本部门好的经验和做法，把存在的问题找准，提出切实可行的改进意见和建议。

报告的主要内容包括：上年度党费收缴、使用和结存的数额，党费开支的主要项目；党费收缴、使用和管理工作中的经验、存在的问题及改进的意见和建议等。

10. 党费收支结存情况表的填制

党费收支结存情况表是反映在一定期间内一级党组织党费收支和结余情况的报表，能够比较直观地反映党费主要的收支情况，包括党费支出的明细科目。在填制党费收支结存情况表工作中，必须注意以下两点：

（1）制表中要做到确保填写的数字真实，计算准确无误，表内项目行列齐全并注意核对报表数字之间的关系，不能发生漏报错报情况。

（2）报表中反映的各项资金收支既要符合党费开支的有关规定，又要符合现金管理制度和会计制度，不能违反财经纪律。

11. 党费收缴、使用和管理情况的检查

各级党委组织部门坚持每年至少对下级党组织党费的收缴、使用和管理情进行一次全面的检查，对于维护党费工作的严肃性，保证党费管理的安全、合理严格，具有重要作用。

坚持每年检查 1 次党费，有利于维护财务纪律，进一步提高党费会计人员、出纳人员的综合素质。建立健全内部控制制度，防止党费管理人员发生违纪行为。

保证党费财务信息的真实。坚持每年检查1次党费，可以及早发现下级党组织党费工作中存在的问题，及时研究解决，指导下级单位采取相应措施，确保合理、高效、安全地使用党费。试行党费审计制度，有条件的地方和单位，可委托审计机关对党费使用管理情况进行专项审计。

12. 党费工作检查的主要内容

党费工作检查应当有重点、有针对性，抓住容易出现的问题和党费管理的主要环节，达到通过检查强化监督管理的目的。检查的主要内容包括：

（1）党费内部管理制度。通过对党费管理制度的审查，可以明确党费检查的重点，发现党费管理上存在的漏洞，从而为发现党费管理工作中的具体问题节约时间。

（2）会计出纳工作。通过对会计凭证、账簿、报表的审查，确定会计资料的真实性、合法性、正确性和完整性，还能发现是否存在少报、瞒报、漏报党员交纳党费数额的情况。

（3）财产、物资的保管情况。通过检查党费购置的党内资产的保管情况，保证财实相符，防止明开购货支出、实际套取现金的问题，避免党费流失。

（四）党费问题解答

1. 什么是党费？

党费是指党员按期向党组织交纳的用于党的事业和党的活动的经费。

2. 预备党员是否要交纳党费？从何时开始交纳党费？

预备党员应履行的义务同正式党员一样，因此，在上级党委批准后，预备党员应从支部大会通过其为预备党员之日起交纳党费。

3. 流动党员、异地居住党员和年老体弱、行动不便的党员等，应怎样交纳党费？

自觉交纳党费是党员党性的体现，是党员必须具备的起码条件，也是党员对党组织应尽的义务。党员必须增强党员意识和组织观念，自觉按时足额交纳党费。对于流动党员、异地居住党员和年老体弱、行动不便的党员等，个别确因实际情况不能按月交纳党费的，经党支部同意，可采取预交、补交、委托代交或网上支付等方式交纳党费，预交和补交党费的时间不得超过6个月。

4. 党组织是否可以垫交或扣缴党员党费？

党组织应当按照规定收缴党员党费，不得垫交或扣缴党员党费。

5. 党员如果少交党费应怎样处理？

按规定交纳党费，是做一名党员的起码条件，也是党员应尽的义务。凡有工资收入的党员应当按规定足额交纳党费。所谓足额，就是根据个人的实际收入按照规定的基数和比例交纳，不允许少交党费（经党支部研究，报上一级党委批准少交或免交的除外）。党员如果未经党组织同意而少交党费，应当受到严肃的批评教育并限期改正，经批评教育仍不改正、情节严重者，应给予必要的组织处理。

6. 机关事业单位年底或年中发放的绩效工资是否要列入党费计算基数？

机关事业单位年底或年中发放的绩效工资属于奖励性补贴或奖励性绩效，不属于相对固定的、经常性的工资收入，不列入党费计算基数。

7. 离退休干部、职工党员党费的计算基数应如何确定？

离退休干部、职工党员交纳党费，以基本离退休费或基本养老金为党费计算基数，不包括津补贴。对已纳入社保发放离退休工资且工资不好区分基本养老金和津补贴的，可按照本地区本单位同等收入离退休干部、职工党员交纳党费数大致相当的原则确定党费交纳基数。国有企业在退休人员社会化管理工作中向地方移交退休职工党员时，应当向接收地党组织同时提供退休职工党员的党费计算基数。

8. 党员增加工资收入后是否要补交党费？应怎样补交党费？

党员工资收入发生变化后，一般从按新工资标准领取工资的翌年起，以新的工资收入核定计算基数，按照规定比例交纳党费。党员本人工资收入增加时，要及时向党组织申报，具体说明增资的项目和金额。党组织要及时与本单位人事财务部门沟通，以便准确计算党员交纳党费基数和及时收缴党费。

但根据《公务员工资制度改革实施办法》规定，对年度考核称职（合格）及以上的工作人员发放的年终一次性奖金，不纳入党员交纳党费基数。

9. 党员因较长时间病休而减发工资收入应怎样交纳党费？

因较长时间病休而减发工资收入的党员，在病休期间以实际取得的工资收入核定计算基数，按规定的比例交纳党费。

10. 党员自愿一次性多交纳1000元以上大额党费应如何办理？

根据《关于中国共产党党费收缴、使用和管理的规定》，党员自愿一次性多交纳1000元以上的党费，全部上缴中央。具体办理方法是，由党员所在基层党委代收后按程序上缴，省级党委组织部门汇总转交中央组织部。基层党委及其上级党委组织部门收到大额党费后应在5个工作日内上缴。省级党委组织部门应将代收的大额党费及时上缴中央组织部，原则上每月上缴一次。对身患重病的党员、年龄较大的党员以及有其他特殊诉求的党员，应一事一办、加紧办理，确保党员及时收到中央组织部出具的大额党费收据。

11. 按月领取工资的党员取得临时性收入，是否要列入交纳党费计算基数？

按月领取工资的党员，除将相对固定的、经常性的工资收入（税后）列入交纳党费计算基数之外，临时性的收入，比如临时性的津贴费、补助、稿费、讲课费、奖金、银行存款利息等，不列入交纳党费计算基数，但自愿交纳者不限。

12. 预备党员在支部大会决定取消其预备党员资格后，上级党委批准以前的党费交纳问题应怎样处理？

预备党员在支部大会决定取消其预备党员资格后，上级党委批准以前，仍要交纳党费。因为，支部大会的这一决定是否有效尚未确定，所以，只有在上级党委批准以后方可停止交纳党费。

13. 预备党员被取消预备党员资格后，所交纳的党费是否要退还本人？

预备党员在预备期间交纳党费，是预备党员应尽的义务。被取消预备党员资格后，所交党费不退还本人。

14. 党员受党纪处分后的党费交纳问题应怎样处理?

受到警告、严重警告、撤销党内职务、留党察看处分的党员,仍然应按照规定交纳党费;受到开除党籍处分的党员,在支部大会作出决议后,上级党组织审批期间,由于处分决定是否有效尚未确定,所以仍应交纳党费,直至上级党组织对这一处分决定批准为止。

15. 党组织能否安排非中共党员人员向党员收取党费?

有的部门和单位党组织安排非中共党员人员(非党员的财会人员)向党员收取党费,这种做法是不妥的,应当予以纠正。收缴党费是党内一项严肃的工作,设党小组的党支部,应由党小组组长负责。设支委会的党支部,应由党支部组织委员负责收取。不设支委会的党支部,应由党支部书记负责收取。

16. 各级党组织应如何用好党费?

党费必须用于党的活动,主要作为党员教育经费的补充,使用范围包括培训党员、开展党内表彰、慰问生活困难党员等方面。凡是符合《关于中国共产党党费收缴、使用和管理的规定》和《中共中央组织部办公厅关于进一步规范党费工作的通知》要求的,均可从党费中列支。当前,要把组织党员、干部深入学习习近平新时代中国特色社会主义思想作为重要政治任务抓紧抓好,抓好党员教育培训的支持力度。

个别留存党费数额较大的地方党委或部门单位党委(党组)应统筹安排使用好党费,注意向农村、社区和有困难的其他基层党组织倾斜,为开展党的活动提供经费支持。基层党委应从留存党费中向党支部划拨一定额度经费,支持开展支部活动等。

17. 对高校党组织留存党费用于为学生订阅党报有何要求?

经中央组织部同意,教育部办公厅下发《关于做好为高校学生订阅党报工作的通知》(教思政厅函〔2009〕3号)要求,高校要通过多种渠道筹措为学生订阅党报的经费。高校党委要拿出一定数量的留存党费作为为学生订阅党报的补充,一般不少于高校党委留存党费总数的20%。高校党委留存党费比例较低的,可适当提高留存比例,一般应不低于本校党员交纳党费总数的50%。

18. 怎样正确理解"请求下拨党费的请示，应当向上一级党组织提出，不得越级申请"？

（1）这是由党的组织制度决定的。我们党的组织体系是由党的中央组织、地方组织和基层组织三大层次构成的，而每一级党组织又是通过上下隶属关系逐级形成的。在经费上保证和支持下级党组织正常开展工作，是上一级党组织的重要责任。因此，下级党组织要求上级党组织在经费上给予支持，应当按照党的组织原则逐级反映，首先取得上一级党组织的支持，不宜越级申请。

（2）这是由党费的管理体系决定的。党费是严格按照党组织的隶属关系来收缴、下拨和使用的。任何一个党员都要在一个支部交纳党费，参加一个支部的组织生活。一个党组织申请党费上的支持，如果不按照隶属关系提出，就会造成管理上的混乱。

（3）这是加强对下拨党费监管的需要。如果越级申请、越级下拨党费，由于拨款单位不便经常直接越级到申请单位检查工作，党费专款专用情况难以得到有效监督。

19. 怎样正确理解"上级党组织下拨的党费，必须专款专用，不得挪作他用"？

专款专用原则是现代会计制度中的一条重要原则，其内涵是"指定用途的资金，应当按规定的用途使用，并单独核算反映"。上级党组织下拨的党费，作为专项资金也应当按专款专用原则进行管理。

在党费的收缴、使用和管理中"专款专用"，必须做到以下几点：

第一，指定用途。在上级党组织拨入党费账户专项资金用于开展某一特定活动时，必须明确指定拨款的用途，以便于管理。下级党组织在收到拨款后，必须弄清专项资金的用途，只有这样才能严格按规定用途掌握使用。

第二，单独核算。为了方便掌握单独核算专项资金的使用、下拨情况，应在"上级下拨党费""党费使用"等总账科目下，设置"拨入专项资金""下拨专项资金"和"专项资金使用"等二级科目或三级科目，以便于单独核算。

第三，及时向下拨专项资金的部门报告。本单位党组织从上级党费主管部门账户取得的有指定项目和用途的专项经费，必须及时向下拨专项资金的部门报告说明专项资金的使用情况和进度。

20. 审计部门是否有权审计各级党组织的党费财务？

党费是党员向党组织交纳的用于党的事业和党的活动的经费，不是行政经费也不是单位的责任财产，因此，不属于审计部门审计职能的工作范围。非经本级党委或上级党委及其组织部门授权，审计部门不得审计各级党组织的党费财务。但是根据中央组织部新的有关通知精神，试行党费审计制度，如本级党委或上级党委及其组织部门认为确有必要，可以委托审计机关对党费使用管理情况进行专项审计。

21. 怎样正确理解和把握《中共中央组织部办公厅关于进一步规范党费工作的通知》与中央组织部印发的《关于中国共产党党费收缴、使用和管理的规定》两个文件的关系和精神？

2017年4月印发的《中共中央组织部办公厅关于进一步规范党费工作的通知》（以下简称《通知》）是对中央组织部2008年2月印发的《关于中国共产党党费收缴、使用和管理的规定》（以下简称《党费工作规定》）的解读和细化，是今后党费收缴、使用和管理工作的主要依据。《通知》中有明确规定的，按照《通知》要求办理；与《党费工作规定》不一致的以《通知》为准；《通知》中没有明确规定的，继续按照《党费工作规定》办理。

22. 党支部如何使用上级党组织从党费中划拨的活动经费？

根据《中共中央组织部办公厅关于进一步规范党费工作的通知》和《中共中央组织部关于党费收缴工作专项检查中清理收缴的党费使用有关问题的通知》要求，上级党组织要向党支部拨付一定数额的活动经费，支持党支部订阅党报党刊、开展支部主题党日、创先争优等活动。就党支部如何使用上级党组织从党费中划拨的活动经费（包括补交党费）的问题，中组部在征求财政部、审计署相关意见的基础上，通过《组工通讯》作了如下答复：

（1）党支部使用上级党组织划拨的活动经费，要遵循党费使用五项基本用途，按照《中共中央组织部办公厅关于进一步规范党费工作的通知》规定的使用项目规范使用。

（2）党支部使用上级党组织划拨的活动经费须经集体讨论决定，不能个人或者少数人说了算。开展主题党日、创先争优等活动，一般应召开支委会研究制定活动方案，报上级党组织同意后组织实施。同时，要定期向本支部党员公布上级党组织划拨的活动经费使用管理情况。

（3）党支部活动经费的开支，应本着勤俭节约的原则，执行相关的财务制度报销费用时，原则上需提供规范的财务票据和凭证。特殊情况下，确实无法取得财务票据和凭证的，如开展支部活动购买工作简餐、矿泉水，看望慰问生病住院党员购买果篮、鲜花，悼念去世党员购买花圈、挽联等不能取得财务票据和凭证的，可由经办人员出具情况说明，党支部书记对支出的真实性、合规性审核把关并签字，按程序审批后，将情况说明代作原始凭证。

（4）党支部使用党费新建（修）基层党组织活动场所、发展大村级集体经济等，要严格遵循党费使用和财务管理相关规定，不得予以变通。

第四部分　发展党员相关工作性材料

【附件1】

入党申请书的基本格式及要求

入党申请书，是申请入党的人向党组织标明自己的入党意愿和决心，必须严肃认真对待。

1.入党申请书应在认真学习党章和党的理论，掌握基本精神，并加深对党的性质、宗旨、任务、指导思想、党员权利和义务等基本知识理解的基础上书写。

2.入党申请书基本书写格式及内容：

（1）标题：居中书写"入党申请书"字样。

（2）称谓：一般在标题的下一行顶格书写"敬爱的党组织"字样，并在后面加上冒号。

（3）正文：①入党申请人明确入党态度（"我志愿加入中国共产党"）；②联系个人思想实际谈对党的认识、入党动机及对党的态度，表明入党愿望（如何认识党的性质、宗旨、奋斗目标，如何认识党史等，通过个人经历谈如何逐步提高认识等）；③入党申请人基本情况（个人履历，在政治、思想、学习、工作等方面主要表现，家庭成员及主要社会关系情况）；④表达入党的决心（即使组织上入党，思想上是否入党还得看入党后的言行。因此，要表明自己有不被接受的思想准备、进一步努力的打算或入党后的态度、决心等）；⑤今后努力方向及如何以实际行动争取入党。

（4）结尾：主要表达请党组织考察的心情和愿望。一般书写"请党组织考验我""请党组织审查"或"请党组织看我的实际行动"。署申请人姓名和注明申请日期，在居右侧写"申请人×××"，下一行书写"×年×月×日"。

3.入党申请书应由本人使用蓝黑色钢笔或黑色中性笔书写。

【附件 2 】

与入党申请人谈话记录单

所在党支部：

入党申请人	姓名		性别		民族		单位	
	出生年月			籍贯				
	申请入党时间			联系电话				
谈话人	姓名			党内职务				
谈话内容	受党支部委派，　　年　月　日，我与入党申请人　　同志进行了谈话。谈话中，我向该同志介绍了入党的条件和程序，详细了解了该同志的基本情况、对党的认识、入党动机、今后努力方向等。该同志能实事求是地介绍自己的情况，态度诚恳。 　　有关情况记录如下：							
谈话意见	 　　　　　　　　　　　　　　　　　　　　谈话人签名： 　　　　　　　　　　　　　　　　　　　　　年　　月　　日							

【附件3】

团组织推荐优秀团员作入党积极分子审核表

姓名		性别		民族		出生年月	
入团时间				团内职务			
递交入党申请书时间				推优时间			
所在学院班级				联系电话			
个人简历							
何时、何地受何种奖励							
团支部推荐意见							
					团支部书记签字： 年　　月　　日		
上级团组织考察意见							
					团组织书记签字（加盖公章）： 年　　月　　日		
备注							

【附件4】

党支部吸收入党积极分子的决议

×××，性别×，×族，共青团员。××年××月××日出生于××省××市××区，××年××月××日加入中国共产主义青年团，××年××月××日递交入党申请书。

经团组织推优（或党员推荐等），党支部于××年××月××日召开支部委员会（或党员大会），讨论确定其为入党积极分子，并报上级党委备案。

×× 支部委员会（或党支部）党支部书记：

×× 年 ×× 月 ×× 日

备注：党支部有公章的应加盖公章，同时党支部书记签字确认。

【附件5】

××年入党积极分子向上级党委备案说明及登记表

××党委：

　　××年××月××日，×××党支部在团组织推优的基础上，召开支部委员会（或党员大会）讨论研究，确定×××等××人为入党积极分子。现将有关材料报你处备案。

　　联系人：×××

　　联系电话：×××

　　附件：《××年入党积极分子备案登记表》（见后页）

×× 党支部

×× 年 ×× 月 ×× 日

××年入党积极分子向上级党委备案登记表

党支部名称：

年　月　日

序号	姓名	性别	民族	出生日期	单位/年级	申请入党时间	入党申请人培训结果	确定入党积极分子时间	党委备案结果	备注

说明：年级填写入党申请人当前所属年级，如大一、大二、研一等。

【附件 6】

培养联系人的主要任务

1. 向入党积极分子介绍党的基本知识;

2. 了解入党积极分子的政治觉悟、道德品质、现实表现和家庭情况等,做好培养教育工作,引导入党积极分子端正入党动机;

3. 定期与入党积极分子谈话,对入党积极分子进行考察,形成书面考察意见,并及时认真填写《入党积极分子培养考察表》;

4. 及时向党支部汇报入党积极分子的情况;

5. 向党支部提出能否将入党积极分子列为发展对象的意见。

【附件 7】

思想汇报的格式及注意事项

申请入党的同志应当经常向党组织汇报自己的思想，入党积极分子一般每季度向党组织汇报一次思想，这对入党积极分子来说是增强组织观念的需要，也是主动争取党组织教育帮助的需要。

一、思想汇报格式

思想汇报包含标题、称呼、正文、结尾、落款五个部分。

1.标题：居中写"思想汇报"。

2.称呼：标题下一行顶格写"敬爱的党组织"或"××党支部"，后面加上冒号。

3.正文：结合自己的学习、工作和生活情况，向党组织反映自己真实的思想状况。

一般包括：对党的路线、方针、政策或对党在一个时期的中心任务的认识，包括不理解的问题。完成某项重要任务后的收获和提高。参加某项重要活动或学习了某篇重要文章或观看了某部影视片后，所受到的教育和体会。在平时的工作、学习和生活中，遇到的困难和矛盾、产生的想法。对本单位发生的重大问题、社会上的热点问题、国内外重大事件的认识和态度。其他需要向党组织汇报的问题。

4.结尾：写上自己对党组织的请求和希望，也可进一步表达自己的入党的愿望和决心。

5.落款：汇报人签名，并按公历时间写清年、月、日。

二、写思想汇报的注意事项

1.一定要实事求是，真实地反映自己的思想。如有思想变化，应写出思想变化的过程。切忌东抄西摘，空话、套话连篇。

2.要突出重点，避免写成流水账。应根据不同时期的思想认识状况集中汇报，或将认识深刻的一、两个方面的问题谈深谈透，不要罗列多方面问题泛泛而谈。

3.要一分为二，不能只写成绩、收获、进步和提高，也要如实反映自己的缺点和不足，以及对某些问题的模糊认识与疑惑，以便得到党组织的教育和帮助。

4.一定要及时，汇报的要是自己最新的思想、工作情况。

5.字迹工整、书写规范，版面整洁。

【附件 8：103—114 页】

编号：××××××××

入党积极分子
培养考察登记表

姓　名 _____

党支部 _____

填写说明

一、本登记表供党支部培养考察积极分子使用，保存在党支部。预备党员转正后，本登记表作为党员档案材料进行归档。

二、填写本登记表时，须使用钢笔或签名笔，并使用黑色或蓝黑色墨水。字迹要清晰、工整。表内的年、月、日一律用公历和阿拉伯数字。表内栏目没有内容填写时，应注明"无"。个别栏目填写不下时，可加附页。

三、培养考察情况，主要包括思想觉悟、政治品质、入党动机、工作表现，参加组织活动、完成组织分配任务情况，以及学习党的基本理论、基本路线和基本知识情况等。培养联系人每季度填写一次，党支部每半年填写一次培养考察情况。

四、积极分子调动工作时，应将本登记表连同其他入党材料一并转移至新单位党组织，由新单位党组织做好接续培养工作。

姓名		性别		正面免冠照片 （2寸）
民族		出生年月		
籍贯		出生地		
学历		学位或职称		
单位、职务或职业		×× 大学 研究生／本科生		
现居住地		× 省 × 市 × 街 × 单元 × 楼 × 号		
居民身份证号码				
有何专长		申请入党时间		××××年 ×月×日
确定为入党积极分子时间	××××年 ×月×日	确定为发展对象时间		××××年 ×月×日

本人主要经历	何年何月至何年何月	在何地何单位任何职	证明人
	（从小学写起，写到至今）		

	关系	姓名	出生年月	政治面貌	单位、职务或职业
主要家庭成员情况	父母				
	配偶				
	子女				
	等				
主要社会关系情况					

	姓名	单位及职务	联系培养时间			
培养联系人	（指定1—2名正式党员）		年	月—	年	月
			年	月—	年	月
			年	月—	年	月
			年	月—	年	月
入党介绍人	（指定2名正式党员）		年	月—	年	月
			年	月—	年	月
			年	月—	年	月
			年	月—	年	月

何时何地何原因受过何种奖励	按时间顺序填写，要写明受奖励的时间、授奖励的单位、奖励名称、享受待遇情况等。 　　没有应写"无"。
何时何地何原因受过何种处分	没有应写"无"。
需要向党组织说明的问题	没有应写"无"。

本人签名：　　　　　　　　　　　　　　　　　　　年　　月　　日

确定为入党积极分子情况	
党员推荐或群团组织推优情况	28 岁以下青年学生确定入党积极分子，原则上应采取团组织推优的方式产生人选。推荐结束后，党支部要及时汇总和公布推荐结果，自觉接受党员群众监督。 　将推荐情况填于此栏。 （团支部"推优"大会时间） 负责人签名：　　　　　　　　　　　年　月　日
党支部意见	支部委员会（或党员大会）对党员推荐或群团组织推优人选进行讨论。 将讨论结果填于此栏。 （支委会或党员大会时间） 党支部书记签名或盖章：　　　　　　年　月　日
总支部意见	不设总支部的，填"无总支部"。 （总支部书记签名或盖章：　　　　　　年　月　日
基层党委备案意见	 （党委会时间） 党委或党委组织部盖章：　　　　　　　年　月　日

入党积极分子培养考察情况

培养联系人考察意见	自确定入党积极分子起，每季度填写一次考察意见。有2名培养联系人的，交换意见后填写，进行双签字。 培养联系人签名：　　　　　　　　　　　　　　　　年　　月　　日
	          培养联系人签名：
党支部考察意见	 自确定入党积极分子起，每半年填写一次考察意见。 党支部书记签名或盖章：　　　　　　　　　　　　　年　　月　　日

入党积极分子培养考察情况		
培养联系人考察意见	确定为发展对象超过3个月未被接收为预备党员的，其培养考察情况接续积极分子培养考察情况，填写在"入党积极分子培养考察情况"栏，入党介绍人签名填写在"培养联系人签名"处。	
	培养联系人签名：	年　月　日
	培养联系人签名：	年　月　日
党支部考察意见		
	党支部书记签名或盖章：	年　月　日

	确定为发展对象情况
党员和群众意见	广泛听取党员群众意见，对于学生入党积极分子，还应听取导师、辅导员、班主任等人的意见。 将调查党员群众意见的情况填于此栏。 党支部书记签名或盖章：　　　　　　　　　年　　月　　日
培养联系人意见	 培养联系人签名：　　　　　　　　　　　年　　月　　日
党小组意见	 不设党小组的，填"无党小组"。 党小组长签名：　　　　　　　　　　　年　　月　　日

确定为发展对象情况	
党支部意见	支部委员会（或党员大会）讨论后，提出发展对象人选。 讨论结果填于此栏。 （支委会或党员大会时间） **党支部书记签名或盖章：**　　　　　　年　月　日
总支部意见	不设总支部的，填"无总支部"。 **总支部书记签名或盖章：**　　　　　　年　月　日
基层党委备案意见	党委会对发展对象的条件、培养教育情况等进行审查，备案通过后，可列为发展对象。 确定发展对象的时间即为：党委会备案时间。 备案结果填于此栏。 （党委会审议备案时间） **党委或党委组织部盖章：**　　　　　　年　月　日

	接收为预备党员前审查情况
参加集中培训情况	××年××月××日至××年××月××日，参加由××组织的××集中培训，成绩合格。 ××年××月××日至××年××月××日，参加由××组织的××集中培训，成绩合格。 （参加的积极分子培训和发展对象培训情况均填写在此栏） 党委或党委组织部盖章：　　　　　　　　　　年　月　日
政审联审情况	建立区级政审联审机制的，审核合格后，由具有审批预备权限的基层党委填写。 参考格式：经区级联合审查，未发现该同志存在违法违纪……问题，政治审查合格。或经审查，发现存在……问题，但……，不影响入党。 未建立政审联审机制的，只填写政审结论。 参考格式：经××党委审查…… 党委或党委组织部盖章：　　　　　　　　　　年　月　日
征求党员和群众意见情况	广泛听取党员群众意见，对于学生入党积极分子，还应听取导师、辅导员、班主任等人的意见。 将调查党员群众意见的情况填于此栏。 党支部书记签名或盖章：　　　　　　　　　　年　月　日

113

接收为预备党员前审查情况	
党小组意见	不设党小组的，填"无党小组"。 党小组长签名或盖章：
支部委员会 审查意见	支部委员会（或党员大会）对发展对象全面审查，基本符合发展为预备党员条件的，提交党委会预审。 将审查结果填于此栏。 党支部书记签名或盖章：
基层党委预审 意见	党委会充分讨论，并将讨论结果进行公示。 将预审结果填于此栏。 党委或党委组织部盖章：
公示情况	发展对象在上级党委预审同意后，填写入党志愿书前，由基层党委会同党支部组织实施。公示结果填于此栏。 党委或党委组织部盖章：　　　　　　年　月　日

说明：本表各页面页数可根据需要增减。

【附件9】

入党积极分子被确定为发展对象前征求党员、群众意见表

入党积极分子姓名			性别		民族	
所在党支部				单位/班级		
征求时间	年　月　日	征求意见方式（请画√）	座谈会（　）		调查表（　）	其他方式（　）
征求意见人数（征求意见人员包括被调查人的培养联系人、同事、导师、辅导员、班主任、同学等）			党员（　）人		群众（　）人	合计（　）人
			其中包含：（导师、辅导员、班主任）			

请对其入党动机、对党的认识、思想品质、学习（科研）、承担社会工作等，是否符合确定为发展对象的条件进行详述。

党员群众意见情况	党员 1 意见： 党员 2 意见： …… 群众 1 意见： 群众 2 意见： ……
党支部意见	党支部书记签字： 　　　　　　　年　月　日
党总支部意见	党总支书记签字： 　　　　　　　年　月　日

115

【附件 10】

关于讨论确定发展对象人选的决议

×××党支部于××年××月××日召开支部委员会，讨论入党积极分子×××确定为发展对象问题。

会前，经征求×××所在党小组（不设党小组的可不写）和培养联系人×××、×××意见，均赞成将其确定为发展对象；征求对×××同志较为熟悉的××名党员、××名群众意见，××名党员、××名群众赞成，××名党员、××名群众不赞成，××名党员、××名群众弃权（根据实际情况填写）。

会议结合征求意见情况，进行了充分讨论，认为该同志政治上……，思想上……，学习上……，工作上……（对该同志确定为入党积极分子以来的现实表现进行总结评价）。

根据×××同志的现实表现和上述情况，支部委员会研究决定：同意将×××同志确定为发展对象，报上级党委备案。

××支部委员会（或党支部）

党支部书记：

××年××月××日

备注：党支部有公章的应加盖公章，同时党支部书记签字确认。

【附件 11】

××年发展对象人选向上级党委备案说明及登记表

××党委：

　　××年××月××日，×××党支部在充分征求意见的基础上，召开支部委员会（或党员大会）讨论研究，提出发展对象人选××名。现将有关材料报你处备案。

　　联 系 人：×××

　　联系电话：×××

　　附件：《×××党委发展对象备案登记表》（见后页）

××党支部

××年××月××日

向上级党委发展对象备案说明登记表

党支部名称：

年 月 日

序号	姓名	性别	民族	出生日期	所在年级	申请入党时间	确定为积极分子时间	入党积极分子培训结果	党委备案时间	党委备案结果	备注

说明：所在年级填写发展对象当前所属年级，如大一、大二、研一等。

【附件 12】

报送上级党委备案材料目录

1. 入党申请书

2. 与入党申请人谈话记录

3. 思想汇报

4. 党员推荐或群团组织推优材料

5.《入党积极分子培养考察表》

6. 征求党员群众意见材料

7. 参加集中培训证书

【附件13】

入党介绍人的主要任务

1. 向发展对象解释党的纲领、章程，说明党员的条件、义务和权利；

2. 认真了解发展对象的入党动机、政治觉悟、道德品质、学习和工作经历、现实表现等情况，如实向党组织汇报；

3. 指导发展对象填写《中国共产党入党志愿书》，并认真填写自己的意见；

4. 向支部大会负责地介绍发展对象的情况；

5. 发展对象批准为预备党员后，继续对其进行教育帮助。

【附件 14】

个人自传撰写说明

自传是自述生平和思想演变过程的文章，即把自己走过的生活道路、经历、思想演变过程等系统而又有重点地通过文章形式表达出来，是党组织全面地、历史地、系统地了解申请入党人的重要材料，是党组织审查吸收新党员必须具备的材料之一。

1. 自传的基本书写格式及内容：

（1）标题：居中书写"自传"字样。

（2）正文：

①个人成长经历。从小学写起。要写明何时、何地在什么学校读书或从事什么活动；担任过什么职务；受过何种奖励或处分；何时、何地、何人介绍加入过何种组织，任何职务，需要向党组织说明的其他问题等。

②个人思想演变过程。这是自传的主体部分。一般结合自己的成长经历，分阶段写明思想变化过程和对党的认识。通过对自己思想演变过程的整理和回顾，总结成长进步经历，提高思想觉悟，明确今后的努力方向。主要写在大学的思想、学习、工作情况。

③家庭主要成员、主要社会关系简介。主要是父母、与本人长期在一起生活的或关系密切的亲属，写明这些人的政治面貌和职业。

（3）结尾：本人署名和注明书写日期，一般在居右侧写姓名"×××"，下一行书写"××年××月××日"。

2. 自传是为了回顾自己历史成长过程，通过对自己思想变化的分析，明辨是非，把握方向，正确地评价自己。

3. 自传应由本人使用蓝黑色钢笔或黑色中性笔书写。

【附件 15】

政治审查函调信

_____:

贵单位_____系我校_____的丈夫（或妻子、父亲、母亲、兄弟、姐妹）。因组织发展需要，请贵处党组织为_____写一份证明材料，证明_____如下情况：政治面貌及主要表现；家庭主要成员和主要社会关系中，有无政治历史问题，结论如何；在"文革"期间、"八九政治风波"中的表现如何；有无参与"法轮功"等邪教组织；有无其他需要向党组织说明的事项（如有，请说明）。

敬请将回执及证明材料寄至：_____

（邮编：_____）

中国共产党××委员会（盖章）

年　月　日

....

—— 回　执 ——

你处　　　的丈夫（或妻子、父亲、母亲、兄弟、姐妹）　　的证明材料已写好，共 页。现寄去，请查收。

党委（盖章）

年　月　日

【附件 16】

政审调查证明材料

（供被调查人所在党组织参考）

发展对象姓名：

被调查人 姓名		性别		与发展对象关系	
民族		所在单位			
职务				参加工作时间	
政治面貌		文化程度		出生年月	
对党的理论和路线、 方针、政策的态度					
"文革""八九 政治风波"中的表现					
对"法轮功"等邪教 组织的态度					
遵纪守法和遵守 社会公德情况					
负责人签字： 　　　　党支部（盖章） 　　　　年　月　日		负责人签字： 　　　　基层党委（盖章） 　　　　年　月　日			

注：如有其他历史政治问题请加附页说明

A4纸正反面打印

【附件 17】

关于×××的综合性政治审查报告

×××（性别、民族、出生年月、籍贯、出生地、学历、学位、职务职称、简历、家庭主要成员情况、主要社会关系情况……）。

经与本人谈话、查阅有关档案材料、找×××单位和×××人员了解情况以及函调和外调，我们了解到，×××（对党的理论和路线、方针、政策的态度……；政治历史和重大政治斗争中的表现……；遵纪守法和遵守社会公德情况……；直系亲属和与本人关系密切的主要社会关系的政治情况……）。我们认为，×××政治审查合格（或不合格）。

×× 党组织（盖章）

×× 年 ×× 月 ×× 日

【附件18】

拟接收为中共预备党员前征求党员、群众意见表

发展对象姓名			性别		民族	
所在党支部				单位 / 班级		
征求时间	年 月 日	征求意见方式（请画√）	座谈会（ ）		调查表（ ）	其他方式（ ）
征求意见人数（征求意见人员包括被调查人的培养联系人、同事、导师、辅导员、班主任、同学等）			党员（ ）人	群众（ ）人		合计（ ）人
			其中包含：（导师、辅导员、班主任）			

入党信念是否坚定、入党动机是否端正、政治觉悟是否高、道德品质是否好，是否符合接收为中共预备党员的条件。结合实际，进行详述。

党员群众意见情况	党员 1 意见： 党员 2 意见： …… 群众 1 意见： 群众 2 意见： ……

党支部意见 党支部书记签字： 　　　　　年 月 日	党总支部意见 党总支书记签字： 　　　　　年 月 日

【附件 19】

支部委员会（或党员大会）对发展对象的审查决议

发展对象×××共××人，于×××年×月参加了由××党委举办的发展对象培训班，考核合格。经过政治审查，没有发现×××在政治上存在问题，也没有发现相关直系亲属和主要社会关系存在影响其加入党组织的问题。

根据×××、×××共××人的申请和一贯表现，在广泛征求党内外群众意见的基础上，经过支部委员会（或党员大会）酝酿和认真讨论，一致认为×××、×××共××人，基本具备党员条件，决定提交上级党委进行预审。

××支部委员会（或党支部）

党支部书记：

××年××月××日

备注：党支部有公章的应加盖公章，同时党支部书记签字确认。

【附件 20】

报送上级党委预审材料目录

（预审发展对象）

1. 入党申请书

2. 与入党申请人谈话记录

3. 个人自传

4. 思想汇报

5. 党员推荐或群团组织推优材料

6.《入党积极分子培养考察表》

7. 入党积极分子培训情况

8. 确定为发展对象前征求党员群众材料

9. 发展对象培训材料

10. 政治审查材料（含政治审查结论性材料）

11. 确定为预备党员前征求党员群众意见

备注：可根据实际情况，报送党总支部审查情况。

【附件 21 】

关于拟接收××同志为中共预备党员的公示书

××党支部拟于近期讨论接收×××为中共预备党员。现将有关情况公示如下：

×××，男/女，××年×月出生，××学历，××族。该同志于××年××月××日提出入党申请，××年××月××日经党支部研究确定为入党积极分子，××年××月××日被列为发展对象。政治审查合格。参加过入党积极分子集中培训和发展对象集中培训，培训合格。

主要经历：（从小学起）

××年××月至××年×月就读于××学校；

××年××月至今

获奖情况：（没有可不写）

入党介绍人：×××、×××。

公示起止时间：××年××月××日至××月××日（5个工作日）。

公示期间，××党委和××党支部接受党员和群众来电、来信、来访。

联系人：

联系电话：

来信来访地址：

××党委（盖章）

××年××月××日

【附件 22】

关于××同志的公示结果情况

　　按照《关于推行发展党员公示制的意见》（京组发〔2005〕10号）规定，×××党支部会同××学院党委，于××年××月××日至××年××月××日，在×××同志工作（学习）单位范围内，通过公开栏橱窗进行了公示。公示期间未收到对该同志的异议反映（有异议的应说明具体情况，调查核实情况，处理结果，是否影响其被接收为预备党员），可以提交支部大会讨论其预备党员接收问题。

××党委（盖章）

××年××月××日

【附件 23 】

××党委对发展对象预审结果的通知

党支部:

经 ×× 党委会审查,你支部发展对象 ×××、×××,共计 ×× 人基本符合中共预备党员的条件,培养教育考察工作符合要求,手续完备,可以提交支部大会讨论。

×× 党委(盖章)

×× 年 ×× 月 ×× 日

【附件24】

《中国共产党入党志愿书》使用登记表

填表单位：　　　　　　　　　　　　　　　　　　　　　　　　　　　　　　　　　　　　　填表人：

序号	党支部名称	姓名	性别	出生年月	《入党志愿书》编号	领取时间	发放人	领取人	领取人联系方式

说明：用于各级党组织发放《中国共产党入党志愿书》使用登记

【附件 25：132—149 页】

中国共产党

入党志愿书

（样本）

申请人姓名 <u>×××</u>

说　明

一、申请人填写入党志愿书要严肃、认真、忠实。填写前，党支部负责人或入党介绍人应将表内项目向申请人解释清楚。

二、填写入党志愿书须使用钢笔、签字笔或毛笔，并使用黑色或蓝黑色墨水。字迹要清晰、工整。表内的年、月、日一律用阿拉伯数字。表内栏目没有内容填写时，应注明"无"。个别栏目填写不下时，可加附页。

三、在上级党组织批准预备党员转为正式党员后，应及时将入党志愿书存入本人档案，没有档案的，由基层党委保存。

誓　词

　　我志愿加入中国共产党，拥护党的纲领，遵守党的章程，履行党员义务，执行党的决定，严守党的纪律，保守党的秘密，对党忠诚，积极工作，为共产主义奋斗终身，随时准备为党和人民牺牲一切，永不叛党。

姓名	×××	性别	×	正面免冠照片 （2寸）
民族	×族	出生年月	××××年×月	
籍贯	××省××县(市、区)	出生地	××省××县(市、区)	
学历	××	学位或职称	××	

单位、职务或职业	×××大学　研究生
现居住地	×省×市×街×单元×楼×号
居民身份证号码	××××××××××××××××××
有何专长	××

入 党 志 愿

填写注意事项：

主要内容：第一，对入党的态度。一般第一段要明确写出自己对入党的态度，即"我志愿加入中国共产党"。第二，对党的认识。这部分主要包括：如何认识党的纲领和章程；如何认识党史，尤其是亲身经历过的重大历史事件；如何认识党的领导和现行的路线、方针、政策。第三，入党动机、目的。即为什么要入党。第四，自己的优缺点。如何发扬优点、克服缺点的决心和措施。第五，入党的决心，在入党志愿书中还要表明自己有不被接受的思想准备，进一步努力的打算或者入党后的态度或决心等。

应注意的问题：第一，入党志愿书和入党申请书不同，入党志愿书是党组织经过系统的培养、教育和考察后，自己的思想和认识更加成熟后写的。因此在志愿书中，一般应围绕以上五个方面进行书写。第二，入党志愿书不要标题、称呼、落款和日期，即直接在入党志愿栏中书写正文。第三，入党志愿书不能写得太短，但也不能太长，应确保每栏中都有内容。

本人经历（包括学历）			
自何年何月	至何年何月	在何地、何部门、任何职	证明人
××年××月	××年××月	××省××县（市）××小学　班长	×××
××年××月	××年××月	××省××县（市）××中学　学生	×××
××年××月	××年××月	××省××县（市）××中学　学习委员	×××
××年××月	××年××月	××大学××学院×系×班　学生	×××
××年××月	××年××月	××大学××学院×系×班　学生	×××
××年××月	至今	××××单位　职务	×××

何时何地加入中国共产主义青年团	××××年××月××日在××市××学校加入中国共产主义青年团。
何时何地参加过何种民主党派或工商联，任何职务	没有应写"无"。
何时何地参加过何种反动组织或封建迷信组织，任何职务，有何活动，以及有何其他政治历史问题，结论如何	没有应写"无"。
何时何地因何原因受过何种奖励	按时间顺序填写，要写明受奖励的时间、授奖励的单位、奖励名称、享受待遇情况等。 没有应写"无"。
何时何地因何原因受过何种处分	没有应写"无"。

家庭主要成员情况	配偶	姓名	×××	民族	××	出生年月	××年×月	
		籍贯	××省××市（县、区）			学历	××	
		参加工作时间	××年×月			政治面貌	如："中共党员""农工党员""民革会员""共青团员"	
		单位、职务或职业	无单位、职务的，可填职业					
	其他成员	关系	姓名	出生年月	政治面貌	单位、职务或职业		
		父亲	×××	××年××月	中共党员	×省××市××单位 职工		
		母亲	×××	××年××月	群众	×省××市××大学 教师		
		儿子	×××	××年××月	群众	×省××市××小学 学生		
		女儿	×××	××年××月	群众	学龄前儿童		
主要社会关系情况								

需要向党组织说明的问题	没有应写"无"。

本人签名或盖章 _____   年   月   日

入党介绍人意见	第一入党介绍人意见 参考例文： 　　×××（入党动机……，政治觉悟……，道德品质……，学习和工作经历……，现实表现……，主要经历……，主要优点……，主要缺点……）。 　　我认为，×××已经基本具备中共党员的条件，我愿意介绍×××加入中国共产党。 介绍人单位、职务或职业 ×× 单位 ×× 部门 ××（现任职务） 签名或盖章　×××　　　　　　　　　　　　　　　年　月　日
	第二入党介绍人意见 参考例文： 　　×××（入党动机……，政治觉悟……，道德品质……，学习和工作经历……，现实表现……，主要经历……，主要优点……，主要缺点……）。 　　我认为，×××已经基本具备中共党员的条件，我愿意介绍×××加入中国共产党。 介绍人单位、职务或职业 ×× 单位 ×× 部门 ××（现任职务） 签名或盖章　×××　　　　　　　　　　　　　　　年　月　日

支部大会通过接收申请人为预备党员的决议

　　××年××月××日，×××党支部召开了讨论接收×××为预备党员的支部大会。大会认为，该同志……

　　在充分讨论的基础上，大会采取无记名投票的方式行了表决。大会应到有表决权的党员××名，实到有表决权党员××名，××名党员提交了书面意见。经表决，××人赞成，××人反对，××人弃权。大会决定，同意（或不同意）接收×××同志为中共预备党员。

支部名称　××××支部　　　　　　　　　　　　支部书记签名或盖章　×××
　　　　　　　　　　　　　　　　　　　　　　　　　　　　　　　年　月　日

上级党组织派专人进行谈话情况和对申请人入党的意见

　　受××党委指派，我于××年××月××日与×××进行了谈话。通过谈话，我了解到×××（对党的认识……，主要优点……，主要缺点……）。

　　经审查，该同志的入党手续完备，符合发展党员工作程序。

　　根据其现实表现和谈话等情况，我认为×××同志已具备入党条件，同意发展其为中共预备党员，报上级党委审批。

谈话人单位、职务或职业　中共××委员会组织委员
签名或盖章　××××　　　　　　　　　　　　　　　　　　　　　　年　月　日

备注

总支部审查（审批）意见
经××年××月××日党总支委员会讨论，审议通过××党支部接收×××为中共预备党员的决议，报上级党委审批。 　　（没有党总支，可不填）   总支部名称　×××党总支　总支部书记签名或盖章　××× <div align="right">年　月　日</div>
基层党委审批意见
经××年××月××日党委会审议，批准×××同志为中共预备党员。 预备期1年，自××年××月××日至××年××月××日止。   基层党委盖章　　　　党委书记签名或盖章　××× <div align="right">年　月　日</div>

支部大会通过预备党员能否转为正式党员的决议

　　××年××月××日，×××党支部召开了讨论×××转为中共正式党员的支部大会。大会认为，该同志在预备期内……

　　在充分讨论的基础上，大会采取无记名投票的方式行了表决。大会应到有表决权的党员××名，实到有表决权党员××名，××名党员提交了书面意见。经表决，××人赞成，××人反对，××人弃权。大会决定，同意（或不同意）×××同志按期转为中共正式党员。

支部名称　×××党支部　支部书记签名或盖章　×××

年　月　日

总支部审查（审批）意见

　　经××年××月××日党总支委员会讨论，同意×××同志按期转为中共正式党员，报上级党委审批。

　　（没有党总支，可不填）

总支部名称　×××党总支部　总支部书记签名或盖章　×××

年　月　日

基层党委审批意见

　　经××年××月××日党委会审议，批准×××同志按期转为中共正式党员。

　　党龄自××年××月××日算起。

基层党委盖章　　党委书记签名或盖章　×××

年　月　日

145

支部大会通过延长预备期党员能否转为正式党员的决议
（如实填写，无延期，可不填）
支部名称 ××××支部 支部书记签名或盖章 ×××   年 月 日
总支部审查（审批）意见
（如实填写，无延期，可不填） （没有党总支，可不填）
总支部名称 ×××党总支 总支部书记签名或盖章 ×××   年 月 日
基层党委审批意见
（如实填写，无延期，可不填）
基层党委盖章 党委书记签名或盖章 ×××   年 月 日

《中国共产党入党志愿书》填写规范

《中国共产党入党志愿书》（以下简称《入党志愿书》）封面，"申请人姓名"由本人填写。《入党志愿书》中，基本情况、"入党志愿""本人经历""何时何地加入中国共产主义青年团""何时何地参加过何种民主党派或工商联，任何职务""何时何地参加过何种反动组织或封建迷信组织，任何职务，有何活动，以及有何其他政治历史问题，结论如何""何时何地何原因受到何种奖励""何时何地何原因受到何种处分""家庭主要成员情况""主要社会关系情况""需要向党组织说明的问题""本人签名或盖章"等栏目，由本人填写。其他栏目由党支部和上级党组织填写。

填写《入党志愿书》应注意以下事项：

1. 在填写《入党志愿书》前，党支部书记和入党介绍人应对入党申请人进行党的基本知识教育，将填写《入党志愿书》的目的和意义、填写内容和要求做详细说明。入党申请人应根据要求严肃、认真、忠实地逐项填写清楚，不得隐瞒或伪造。须使用钢笔、签字笔或毛笔填写，并使用黑色或蓝黑色墨水。字迹要清晰工整。

2. 封面："申请人姓名"应填写与本人身份证一致的名字。

3. 填写"基本情况"中的个人信息，要与身份证一致。"民族"应填写全称（如汉族、回族、维吾尔族等）。"籍贯"填写本人的祖居地（指祖父的长期居住地），填写到县（市、区）。"出生地"按现行行政区划填写到县（市、区）。"学历"填写已取得毕业证书的最后学历。"学位或职称"填写已取得的最高学位或最高专业技术任职资格。"单位职务或职业"填写具体工作部门和现在实际担任的主要职务。"现居住地址"填写本人现固定居住的详细地址，或与身份证上的一致。"有何专长"填写本人在专业、文艺、体育、计算机、外语等方面的特长，不填写兴趣爱好。

4. 填写"入党志愿"时，应着重写本人对党的认识、入党动机以及入党的决心等，深入分析自己的优缺点，明确今后的努力方向，实事求是地写出思想发展和变化过程。

5."何时何地加入中国共产主义青年团""何时何地参加过何种民主党派或工商联，任何职务"和"何时何地参加过何种反动组织或封建迷信组织，任何职务，有何活动，以及有何其他政治历史问题，结论如何"中的"何地"，应填写到工作、学习单位或乡镇、街道等。"何时何地何原因受过何种奖励"中的"奖励"，指凡受各级党政军机关、学校、厂矿企业事业单位正式表彰或授予各种荣誉称号的，均可按时间顺序分别填写。要写明受奖励的时间、授奖励的单位、奖励名称、享受待遇情况等。"何时何地何原因受过何种处分"填写受到党纪、政纪、团纪处分或刑事处罚的情况。经组织复查被平反纠正的不需填写。

6.填写"本人经历"一栏，应从上小学填起，起止年月前后要衔接。"在何地、何单位"要写全称。"任何职"应写明主要职务。参加电大、函大、夜大、自学考试等学习的，均应填写，取得学位的在相应栏目中注明。"证明人"填写熟悉本人情况的人或一同学习、工作过的人。

7."家庭主要成员"是指和自己有直接血缘关系或婚姻关系的直系亲属。已婚的要填写配偶情况，其他成员主要填写本人的父母（或抚养者）和子女，以及和本人长期在一起生活的家庭成员。填写"关系"用书面语，例如：父亲、母亲等。

8."主要社会关系"是指本人的旁系亲属，如配偶的父母、分居的兄弟姐妹、伯、叔、姑、舅、姨等。填写"关系"用书面语，例如：叔叔、姑姑等。

9."需要向党组织说明的问题"一栏，主要填写本人需要向党组织说明，而在其他项目中不好填写的问题。

10.某些项目没有内容可填写时，应注明"无"。

11."入党介绍人意见"一栏由入党介绍人填写。

12."支部大会通过接收申请人为预备党员的决议"一栏由党支部书记填写。

13. "上级党组织指派专人进行谈话情况和对申请人入党的意见"一栏，由党委委员或组织员，在与申请人谈话后，如实填写谈话情况和自己对申请人能否入党的意见。

【附件 26】

接收预备党员的支部大会议程

主持人：党支部书记 ×××

列席人员：专职组织员 ×××

一、会议时间：

二、会议地点：

三、参会人员：

四、会议议程：

1.全体起立，奏唱国歌；

2.组织委员报告应到会党员人数、实到会党员人数，明确能否召开会议；

3.发展对象汇报对党的认识、入党动机、本人履历、家庭和主要社会关系情况，以及需向党组织说明的问题；

4.入党介绍人如实介绍情况，并对其能否入党表明意见；

5.支部委员会向大会报告对发展对象的审查情况；

6.与会党员充分讨论并发表意见（发展对象不必回避）；

7.大会表决（无记名投票方式）（表决票见后页）；

8.宣读并通过支部大会决议；

9.发展对象表态发言；

备注：可根据实际情况，增加唱《国际歌》、列席人员发言

接收预备党员表决票

姓名	同意	不同意	弃权
×××			

　　请在"同意""不同意""弃权"等意见中画"○"，一张票只能选择一种意见，多选为无效票，不选为弃权票。

【附件 27】

接收预备党员表决票汇总表

    ×××党支部于××年××月××日召开支部大会，采取无记名投票方式对是否同意接收×××为中共预备党员进行了表决。应到会有表决权的党员××人，实到会××人。共发出表决票××张，收回××张，收到未到会有表决权党员书面意见××份。其中：有效票××张，无效票××张。票决结果如下：

姓名	同意	不同意	弃权
×××	_____票	_____票	_____票

监票人（签名）

计票人（签名）

支部大会主持人（签名）

××年××月××日

【附件 28】

支部大会通过接收申请人为预备党员的决议

×××（主要表现及优缺点……）。

在接收 ××× 为预备党员的公示中（公示情况……）。

×× 年 ×× 月 ×× 日，××× 党支部召开了讨论接收 ××× 为预备党员的支部大会。大会应到有表决权的党员 ×× 名，实到会 ×× 名，×× 名党员提交了书面意见。大会采取无记名投票的方式进行了表决。×× 人赞成，×× 人反对，×× 人弃权。

大会决定，同意（或不同意）接收 ××× 为中共预备党员。

×× 党支部

党支部书记：

×× 年 ×× 月 ×× 日

备注：党支部有公章的应加盖公章，同时党支部书记签字确认。

【附件 29】

报送上级党委审批材料目录
（审批预备党员）

1. 入党申请书

2. 与入党申请人谈话记录

3. 个人自传

4. 思想汇报

5. 党员推荐或群团组织推优情况

6.《入党积极分子培养考察表》

7. 入党积极分子培训材料

8. 确定为发展对象前征求党员群众材料

9. 发展对象培训情况材料

10. 政治审查材料（含政治审查结论性材料）

11. 确定为预备党员前征求党员群众意见

12. 接收为预备党员公示结果

13. 党委对发展对象预审结果的通知

14. 接收预备党员票决情况汇总表

15.《中国共产党入党志愿书》

备注：可根据实际情况，报送党总支部审查情况。

【附件 30】

××党委对预备党员审批结果的通知

党支部：

经××党委会审查，批准×××、×××，共计×人为中共预备党员。

预备期1年，自××年××月××日至××年××月××日止。

××党委（盖章）

××年××月××日

【附件 31】

××年××党委接收预备党员备案说明及名册

党委组织部：

　　××年××月××日，我单位党的委员会研究决定，批准×××等×名同志为中共预备党员。现将有关材料报你处备案，详见《接收预备党员备案名册》。（见后页）

　　联系人：×××

　　联系电话：××××××

××党委（盖章）

××年××月××日

××年××党委接收预备党员备案名册

报备单位（盖章）：

报备时间：　年　月　日

序号	姓名	性别	民族	出生年月	职务	所在支部	申请入党时间	确定为积极分子时间	确定为发展对象时间	支部发展会时间	联系电话	二级单位党委审议时间	谈话人员	《入党志愿书》编号	备注

说明：1. 二级党委审批预备党员后一周内，填写并报备党委组织部。

2. 备案对象为学生的，"职务"一栏填写：所在班级＋本科生（或硕士研究生、博士研究生、专科生等）。

【附件 32：158—162 页】

预备党员
教育考察登记表

姓　名 <u>×××</u>

党支部 <u>××</u>

填写说明

一、本登记表供党支部教育考察预备党员使用，保存在党支部。预备党员转正后，本登记表作为党员档案材料进行归档。

二、填写本登记表时，须使用钢笔或签名笔，并使用黑色或蓝黑色墨水。字迹要清晰、工整。表内的年、月、日一律用公历和阿拉伯数字。表内栏目没有内容填写时，应注明"无"。个别栏目填写不下时，可加附页。

三、教育考察情况，主要包括思想觉悟、政治品质、入党动机、工作表现，参加组织活动、完成组织分配任务情况以及学习党的基本理论、基本路线和基本知识情况等。入党介绍人每季度、党支部每半年填写一次培养考察情况。

四、预备党员调动工作时，应将本登记表连同其他入党材料一并转移至新单位党组织，由新单位党组织做好接续培养工作。

姓名		性别			正面免冠照片（2寸）
民族		出生年月			
籍贯		出生地			
学历		学位或职称			

单位、职务或职业	××大学 研究生/本科生
现居住地	×省×市×街×单元×楼×号
居民身份证号码	××××××××××××××××××
接收为预备党员时间	××××年×月×日

入党介绍人	姓名	单位及职务	教育考察时间
	（指定2名正式党员）		年　月 — 年　月
			年　月 — 年　月
			年　月 — 年　月
			年　月 — 年　月

何时何地何原因受过何种奖励处分	按时间顺序填写，要写明受奖励的时间、受奖励的单位、奖励名称、享受待遇情况等。 如实填写所受处分。 没有应写"无"。

预备党员教育考察情况	
入党介绍人 考察意见	自确定预备党员起，每季度填写一次，2名入党介绍人交换意见后填写，进行双签字。 入党介绍人签名：　　　　　　　　　　　　　　　年　月　日
	       入党介绍人签名：　　　　　　　　　　　　　　　年　月　日
党支部 考察意见	自确定预备党员起，每半年考察一次。 党支部书记签名或盖章：　　　　　　　　　　　　年　月　日

推迟讨论情况
          　　基层党组织对转入的预备党员，在其预备期满时，如认为有必要，可推迟讨论其转正问题，推迟时间不超过六个月。转为正式党员的，其转正时间自预备期满之日算起。   党支部书记签名或盖章：　　　　　　　　　　　　　　　　　　　　　年　月　日

　　说明：本表各页面页数可根据需要增减。

【附件33】

预备党员转正申请书写说明

1. 转正申请书基本书写格式及内容：

（1）标题：居中书写"转正申请书"。

（2）称谓：在标题的下一行顶格书写"敬爱的党组织："。

（3）正文：

①本人简况。说明本人何时何地由何人介绍入党，何时被批准为预备党员，何时预备期满。若被延长预备期的党员，要写明何时延长、何时延长期满。并正式向党组织提出转为正式党员的请求。

②本人在预备期间的表现。首先，成为预备党员以来，通过党的组织生活和实践锻炼，在政治、思想、工作、学习等方面有哪些进步和提高。其次，按党员标准和应履行的党员义务进行对照检查，哪些方面基本做到，哪些方面做得不够，存在的缺点和不足。最后，总结党组织和党员在讨论自己入党时所指出缺点的改正情况。

③需要向党组织说明的问题。若本人在入党时应向党组织说明的问题而没有说明的，或在预备期又发生了应向党组织说明的问题，都要本着实事求是的态度向党组织说清楚，以便党组织更好地了解自己，考虑能否按期转正。

④表明自己对能否转正的态度和今后努力方向。根据自己在预备期的表现，特别是针对存在的缺点和不足，提出今后努力方向。

（4）结尾：申请书的结尾一般用"我愿意接受党组织的长期考验"等作为结束语。全文的结尾一般用"此致，敬礼！"。在申请书的最后，署申请人姓名和注明日期，在居右侧写"申请人×××"，下一行书写"××年××月××日"。

2. 转正申请书一般应在预备期满前一个月交给党组织，以便党组织有足够的时间讨论预备党员的转正问题。由本人以书面形式向党组织提出。写完后认真检查有无错误，亲笔签名，并签署书写日期。一般在 2000 字左右，以备存档。

3. 入党申请书应由本人使用蓝黑色钢笔或黑色中性笔书写。

4. 如若书写不下，应另附加相同尺寸的加页。

【附件34】

预备党员转正前征求党员、群众意见记录表

预备党员 姓名		性别		民族	
所在 党支部		单位 / 班级			
征求时间	年 月 日	征求意见方式 （请画√）	座谈会（　）	调查表 （　）	其他方式（　）
征求意见人数（征求意见人员包括被调查人的 培养联系人、同事、导师、辅导员、班主任、 同学等）		党员 （　）人	群众 （　）人	合计 （　）人	
		其中包含：（导师、辅导员、班主任）			

请围绕预备党员在预备期间，履行党员义务情况、支部大会所提出的缺点改正情况，结合其思想、学习、工作等方面表现进行详述。并表明是否同意该同志按期转正。

党员群众 意见情况	党员1意见： 党员2意见： …… 群众1意见： 群众2意见： ……		
党支部 意见	党支部书记签字： 　　　　　年 月 日	党总支 部意见	党总支书记签字： 　　　　　年 月 日

【附件 35】

关于拟同意××同志转为中共正式党员的公示书

××党支部拟于近期讨论××同志转为中共正式党员。现将有关情况公示如下：

××，男／女，××年×月出生，××学历，××族。该同志于××年××月××日提出入党申请，经党委批准，××年×月×日接收为中共预备党员，预备期自××年××月××日至××年××月××日。××年××月××日该同志向党支部递交了书面转正申请。

主要经历：

奖惩情况：

公示起止时间：××年××月××日至××年××月××日。

公示期间，××党委和××党支部接受党员和群众来电、来信、来访。

联系人：

联系电话：

来信来访地址：

××党（组织）公章

××年××月××日

【附件 36】

关于××同志转为中共正式党员的公示结果情况

　　×××党支部会同××党委，于××年××月××日至××年××月××日，在××同志工作（学习）单位范围内，通过公开栏橱窗进行了公示。公示期间未收到对该同志的异议反映（有异议的应说明具体情况，调查核实情况，处理结果，是否影响提交支部大会讨论其被接收为预备党员），可以提交支部大会讨论其转为中共正式党员。

××党（组织）公章
××年××月××日

【附件 37】

讨论预备党员转正的支部大会议程

主持人：党支部书记 ×××

一、会议时间：

二、会议地点：

三、参会人员：

四、会议议程：

1. 全体起立，奏唱国歌；

2. 组织委员报告应到会党员人数、实到会党员人数，明确能否召开会议；

3. 预备党员汇报一年来情况，特别是接收预备党员大会上提出的缺点改进情况；

4. 与会党员充分讨论并发表意见；

5. 大会表决（无记名投票方式）；

6. 宣读并通过支部大会决议；

7. 预备党员表态。

备注：可根据实际情况，增加唱《国际歌》、重温入党誓词等环节。

【附件 38】

预备党员转正表决票及汇总表

1.预备党员转正表决票

姓　名	同意	不同意	弃权
×××			

请在"同意""不同意""弃权"等意见中画"〇"，一张票只能选择一种意见，多选为无效票，不选为弃权票。

2.预备党员转正票表决情况汇总表

　　×××党支部于××年××月××日召开支部大会，采取无记名投票方式对是否同意×××同志按期转为正式党员进行了表决。应到会有表决权的党员××人，实到会××人。共发出表决票××张，收回××张，收到未到会有表决权党员书面意见××份。其中：有效票××张，无效票××张。票决结果如下：

姓　名	同意	不同意	弃权
×××	＿＿＿票	＿＿＿票	＿＿＿票

监票人（签名）＿＿＿＿＿＿

计票人（签名）＿＿＿＿＿＿

支部大会主持人（签名）＿＿＿＿＿＿

××年××月××日

【附件 39 】

支部大会同意预备党员能否转为正式党员的决议

×××（主要表现及优缺点……）。

在拟讨论 ××× 同志转为中共正式党员公示中，（公示情况……）。

×× 年 ×× 月 ×× 日，××× 党支部召开了讨论预备党员 ××× 同志转正的支部大会。大会应到有表决权的党员 ×× 名，实到会 ×× 名，×× 名党员提交了书面意见。大会采取无记名投票的方式进行了表决。×× 人赞成，×× 人反对，×× 人弃权。

大会决定，同意（或不同意）××× 同志按期转为中共正式党员。

（或对 ××× 同志预备期延长至 ×× 年 ×× 月 ×× 日。）

×× 党支部

党支部书记：

×× 年 ×× 月 ×× 日

备注：党支部有公章的应加盖公章，同时党支部书记签字确认。

【附件 40 】

报送上级党委审批材料目录
（审批预备党员转正）

1.《中国共产党入党志愿书》

2.《预备党员教育考察登记表》

3. 预备党员转正申请

4. 预备期总结（半年一份）

5. 转正前征求党员群众意见情况

6. 转正前公示结果

7. 转正票决情况汇总表

【附件 41】

发展党员材料（存档目录）

1. 入党申请书

2. 与入党申请人谈话记录

3. 个人自传

4. 思想汇报

5. 党员推荐或群团组织推优情况

6.《入党积极分子培养考察表》

7. 入党积极分子培训情况

8. 确定为发展对象前征求党员群众意见材料

9. 发展对象培训情况

10. 政治审查材料（含政审结论性材料）

11. 确定为预备党员前征求党员群众材料

12. 接收为预备党员公示结果

13. 党委对发展对象预审结果的通知

14. 接收预备党员票决情况汇总表

15.《中国共产党入党志愿书》

16.《预备党员教育考察登记表》

17. 预备党员转正申请

18. 预备期总结（半年一份）

19. 转正前征求党员群众意见

20. 转正前公示结果

21. 转正票决情况汇总表

注意：所列材料已在《入党积极分子培养考察表》《预备党员教育考察登记表》表中体现，不用重复提供。

第五部分　组织员常用文件选编

中国共产党纪律处分条例

（2003 年 12 月 23 日中共中央政治局会议审议批准　2003 年 12 月 31 日中共中央发布　2023 年 12 月 8 日中共中央政治局会议第三次修订　2023 年 12 月 19 日中共中央发布）

第一编　总　　则

第一章　总体要求和适用范围

第一条　为了维护党章和其他党内法规，严肃党的纪律，纯洁党的组织，保障党员民主权利，教育党员遵纪守法，维护党的团结统一，保证党的理论、路线、方针、政策、决议和国家法律法规的贯彻执行，根据《中国共产党章程》，制定本条例。

第二条　党的纪律建设必须坚持以马克思列宁主义、毛泽东思想、邓小平理论、"三个代表"重要思想、科学发展观、习近平新时代中国特色社会主义思想为指导，坚持和加强党的全面领导，坚决维护习近平总书记党中央的核心、全党的核心地位，坚决维护以习近平同志为核心的党中央权威和集中统一领导，弘扬伟大建党精神，坚持自我革命，贯彻全面从严治党战略方针，落实新时代党的建设总要求，推动解决大党独有难题、健全全面从严治党体系，全面加强党的纪律建设，为以中国式现代化全面推进强国建设、民族复兴伟业提供坚强纪律保障。

第三条 党章是最根本的党内法规，是管党治党的总规矩。党的纪律是党的各级组织和全体党员必须遵守的行为规则。党组织和党员必须坚守初心使命，牢固树立政治意识、大局意识、核心意识、看齐意识，始终坚定道路自信、理论自信、制度自信、文化自信，切实践行正确的权力观、政绩观、事业观，自觉遵守和维护党章，严格执行和维护党的纪律，自觉接受党的纪律约束，模范遵守国家法律法规。

第四条 党的纪律处分工作遵循下列原则：

（一）坚持党要管党、全面从严治党。把严的基调、严的措施、严的氛围长期坚持下去，加强对党的各级组织和全体党员的教育、管理和监督，把纪律挺在前面，抓早抓小、防微杜渐。

（二）党纪面前一律平等。对违犯党纪的党组织和党员必须严肃、公正执行纪律，党内不允许有任何不受纪律约束的党组织和党员。

（三）实事求是。对党组织和党员违犯党纪的行为，应当以事实为依据，以党章、其他党内法规和国家法律法规为准绳，执纪执法贯通，准确认定行为性质，区别不同情况，恰当予以处理。

（四）民主集中制。实施党纪处分，应当按照规定程序经党组织集体讨论决定，不允许任何个人或者少数人擅自决定和批准。上级党组织对违犯党纪的党组织和党员作出的处理决定，下级党组织必须执行。

（五）惩前毖后、治病救人。处理违犯党纪的党组织和党员，应当实行惩戒与教育相结合，做到宽严相济。

第五条 深化运用监督执纪"四种形态"，经常开展批评和自我批评，及时进行谈话提醒、批评教育、责令检查、诫勉，让"红红脸、出出汗"成为常态；党纪轻处分、组织调整成为违纪处理的大多数；党纪重处分、重大职务调整的成为少数；严重违纪涉嫌犯罪追究刑事责任的成为极少数。

第六条 本条例适用于违犯党纪应当受到党纪责任追究的党组织和党员。

第二章　违纪与纪律处分

第七条 党组织和党员违反党章和其他党内法规，违反国家法律法规，违反党和国家政策，违反社会主义道德，危害党、国家和人民利益的行为，依照规定应当给予纪律处理或者处分的，都必须受到追究。

重点查处党的十八大以来不收敛、不收手，问题线索反映集中、群众反映强烈，政治问题和经济问题交织的腐败案件，违反中央八项规定精神的问题。

第八条　对党员的纪律处分种类：

（一）警告；

（二）严重警告；

（三）撤销党内职务；

（四）留党察看；

（五）开除党籍。

第九条　对于违犯党纪的党组织，上级党组织应当责令其作出书面检查或者给予通报批评。对于严重违犯党纪、本身又不能纠正的党组织，上一级党的委员会在查明核实后，根据情节严重的程度，可以予以：

（一）改组；

（二）解散。

第十条　党员受到警告处分一年内、受到严重警告处分一年半内，不得在党内提拔职务或者进一步使用，也不得向党外组织推荐担任高于其原任职务的党外职务或者进一步使用。

第十一条　撤销党内职务处分，是指撤销受处分党员由党内选举或者组织任命的党内职务。对于在党内担任两个以上职务的，党组织在作处分决定时，应当明确是撤销其一切职务还是一个或者几个职务。如果决定撤销其一个职务，必须撤销其担任的最高职务。如果决定撤销其两个以上职务，则必须从其担任的最高职务开始依次撤销。对于在党外组织担任职务的，应当建议党外组织撤销其党外职务。

对于在立案审查中因涉嫌违犯党纪被免职的党员，审查后依照本条例规定应当给予撤销党内职务处分的，应当按照其原任职务给予撤销党内职务处分。对于应当受到撤销党内职务处分，但是本人没有担任党内职务的，应当给予其严重警告处分。同时，在党外组织担任职务的，应当建议党外组织撤销其党外职务。

党员受到撤销党内职务处分，或者依照前款规定受到严重警告处分的，二年内不得在党内担任和向党外组织推荐担任与其原任职务相当或者高于其原任职务的职务。

第十二条 留党察看处分，分为留党察看一年、留党察看二年。对于受到留党察看处分一年的党员，期满后仍不符合恢复党员权利条件的，应当延长一年留党察看期限。留党察看期限最长不得超过二年。

党员受留党察看处分期间，没有表决权、选举权和被选举权。留党察看期间，确有悔改表现的，期满后恢复其党员权利；坚持不改或者又发现其他应当受到党纪处分的违纪行为的，应当开除党籍。

党员受到留党察看处分，其党内职务自然撤销。对于担任党外职务的，应当建议党外组织撤销其党外职务。受到留党察看处分的党员，恢复党员权利后二年内，不得在党内担任和向党外组织推荐担任与其原任职务相当或者高于其原任职务的职务。

第十三条 党员受到开除党籍处分，五年内不得重新入党，也不得推荐担任与其原任职务相当或者高于其原任职务的党外职务。另有规定不准重新入党的，依照规定。

第十四条 党员干部受到党纪处分，需要同时进行组织处理的，党组织应当按照规定给予组织处理。

党的各级代表大会的代表受到留党察看以上处分的，党组织应当终止其代表资格。

第十五条 对于受到改组处理的党组织领导机构成员，除应当受到撤销党内职务以上处分的外，均自然免职。

第十六条 对于受到解散处理的党组织中的党员，应当逐个审查。其中，符合党员条件的，应当重新登记，并参加新的组织过党的生活；不符合党员条件的，应当对其进行教育、限期改正，经教育仍无转变的，予以劝退或者除名；有违纪行为的，依照规定予以追究。

第三章　纪律处分运用规则

第十七条　有下列情形之一的，可以从轻或者减轻处分：

（一）主动交代本人应当受到党纪处分的问题；

（二）在组织谈话函询、初步核实、立案审查过程中，能够配合核实审查工作，如实说明本人违纪违法事实；

（三）检举同案人或者其他人应当受到党纪处分或者法律追究的问题，经查证属实，或者有其他立功表现；

（四）主动挽回损失、消除不良影响或者有效阻止危害结果发生；

（五）主动上交或者退赔违纪所得；

（六）党内法规规定的其他从轻或者减轻处分情形。

第十八条　根据案件的特殊情况，由中央纪委决定或者经省（部）级纪委（不含副省级市纪委）决定并呈报中央纪委批准，对违纪党员也可以在本条例规定的处分幅度以外减轻处分。

第十九条　对于党员违犯党纪应当给予警告或者严重警告处分，但是具有本条例第十七条规定的情形之一或者本条例分则中另有规定的，可以给予批评教育、责令检查、诫勉或者组织处理，免予党纪处分。对违纪党员免予处分，应当作出书面结论。

党员有作风纪律方面的苗头性、倾向性问题或者违犯党纪情节轻微的，可以给予谈话提醒、批评教育、责令检查等，或者予以诫勉，不予党纪处分。

党员行为虽然造成损失或者后果，但不是出于故意或者过失，而是由于不可抗力等原因所引起的，不追究党纪责任。

第二十条　有下列情形之一的，应当从重或者加重处分：

（一）强迫、唆使他人违纪；

（二）拒不上交或者退赔违纪所得；

（三）违纪受处分后又因故意违纪应当受到党纪处分；

（四）违纪受处分后，又被发现其受处分前没有交代的其他应当受到党纪处分的问题；

（五）党内法规规定的其他从重或者加重处分情形。

第二十一条 党员在党纪处分影响期内又受到党纪处分的，其影响期为原处分尚未执行的影响期与新处分影响期之和。

第二十二条 从轻处分，是指在本条例规定的违纪行为应当受到的处分幅度以内，给予较轻的处分。

从重处分，是指在本条例规定的违纪行为应当受到的处分幅度以内，给予较重的处分。

第二十三条 减轻处分，是指在本条例规定的违纪行为应当受到的处分幅度以外，减轻一档给予处分。

加重处分，是指在本条例规定的违纪行为应当受到的处分幅度以外，加重一档给予处分。

本条例规定的只有开除党籍处分一个档次的违纪行为，不适用第一款减轻处分的规定。

第二十四条 一人有本条例规定的两种以上应当受到党纪处分的违纪行为，应当合并处理，按其数种违纪行为中应当受到的最高处分加重一档给予处分；其中一种违纪行为应当受到开除党籍处分的，应当给予开除党籍处分。

第二十五条 一个违纪行为同时触犯本条例两个以上条款的，依照处分较重的条款定性处理。

一个条款规定的违纪构成要件全部包含在另一个条款规定的违纪构成要件中，特别规定与一般规定不一致的，适用特别规定。

第二十六条 二人以上共同故意违纪的，对为首者，从重处分，本条例另有规定的除外；对其他成员，按照其在共同违纪中所起的作用和应负的责任，分别给予处分。

对于经济方面共同违纪的，按照个人参与数额及其所起作用，分别给予处分。对共同违纪的为首者，情节严重的，按照共同违纪的总数额处分。

教唆他人违纪的，应当按照其在共同违纪中所起的作用追究党纪责任。

第二十七条　党组织领导机构集体作出违犯党纪的决定或者实施其他违犯党纪的行为，对具有共同故意的成员，按共同违纪处理；对过失违纪的成员，按照各自在集体违纪中所起的作用和应负的责任分别给予处分。

第四章　对违法犯罪党员的纪律处分

第二十八条　对违法犯罪的党员，应当按照规定给予党纪处分，做到适用纪律和适用法律有机融合，党纪政务等处分相匹配。

第二十九条　党组织在纪律审查中发现党员有贪污贿赂、滥用职权、玩忽职守、权力寻租、利益输送、徇私舞弊、浪费国家资财等违反法律涉嫌犯罪行为的，应当给予撤销党内职务、留党察看或者开除党籍处分。

第三十条　党组织在纪律审查中发现党员有刑法规定的行为，虽不构成犯罪但须追究党纪责任的，或者有其他破坏社会主义市场经济秩序、违反治安管理等违法行为，损害党、国家和人民利益的，应当视具体情节给予警告直至开除党籍处分。

违反国家财经纪律，在公共资金收支、税务管理、国有资产管理、政府采购管理、金融管理、财务会计管理等财经活动中有违法行为的，依照前款规定处理。

党员有嫖娼或者吸食、注射毒品等丧失党员条件，严重败坏党的形象行为的，应当给予开除党籍处分。

第三十一条　党组织在纪律审查中发现党员严重违纪涉嫌违法犯罪的，原则上先作出党纪处分决定，并按照规定由监察机关给予政务处分或者由任免机关（单位）给予处分后，再移送有关国家机关依法处理。

第三十二条　党员被依法留置、逮捕的，党组织应当按照管理权限中止其表决权、选举权和被选举权等党员权利。根据监察机关、司法机关处理结果，可以恢复其党员权利的，应当及时予以恢复。

第三十三条　党员犯罪情节轻微，人民检察院依法作出不起诉决定的，或者人民法院依法作出有罪判决并免予刑事处罚的，应当给予撤销党内职务、留党察看或者开除党籍处分。

党员犯罪，被单处罚金的，依照前款规定处理。

第三十四条 党员犯罪，有下列情形之一的，应当给予开除党籍处分：

（一）因故意犯罪被依法判处刑法规定的主刑（含宣告缓刑）；

（二）被单处或者附加剥夺政治权利；

（三）因过失犯罪，被依法判处三年以上（不含三年）有期徒刑。

因过失犯罪被判处三年以下有期徒刑或者被判处管制、拘役的，一般应当开除党籍。对于个别可以不开除党籍的，应当对照处分违纪党员批准权限的规定，报请再上一级党组织批准。

第三十五条 党员依法受到刑事责任追究的，党组织应当根据司法机关的生效判决、裁定、决定及其认定的事实、性质和情节，依照本条例规定给予党纪处分，是公职人员的由监察机关给予相应政务处分或者由任免机关（单位）给予相应处分。

党员依法受到政务处分、任免机关（单位）给予的处分、行政处罚，应当追究党纪责任的，党组织可以根据生效的处分、行政处罚决定认定的事实、性质和情节，经核实后依照规定给予相应党纪处分或者组织处理。其中，党员依法受到撤职以上处分的，应当依照本条例规定给予撤销党内职务以上处分。

党员违反国家法律法规、企事业单位或者其他社会组织的规章制度受到其他处分，应当追究党纪责任的，党组织在对有关方面认定的事实、性质和情节进行核实后，依照规定给予相应党纪处分或者组织处理。

党组织作出党纪处分或者组织处理决定后，监察机关、司法机关、行政机关等依法改变原生效判决、裁定、决定等，对原党纪处分或者组织处理决定产生影响的，党组织应当根据改变后的生效判决、裁定、决定等重新作出相应处理。

第五章　其他规定

第三十六条 预备党员违犯党纪，情节较轻，可以保留预备党员资格的，党组织应当对其批评教育或者延长预备期；情节较重的，应当取消其预备党员资格。

第三十七条　对违纪后下落不明的党员，应当区别情况作出处理：

（一）对有严重违纪行为，应当给予开除党籍处分的，党组织应当作出决定，开除其党籍；

（二）除前项规定的情况外，下落不明时间超过六个月的，党组织应当按照党章规定对其予以除名。

第三十八条　违纪党员在党组织作出处分决定前死亡，或者在死亡之后发现其曾有严重违纪行为，对于应当给予开除党籍处分的，开除其党籍；对于应当给予留党察看以下处分的，作出违犯党纪的书面结论和相应处理。

第三十九条　违纪行为有关责任人员的区分：

（一）直接责任者，是指在其职责范围内，不履行或者不正确履行自己的职责，对造成的损失或者后果起决定性作用的党员或者党员领导干部；

（二）主要领导责任者，是指在其职责范围内，对主管的工作不履行或者不正确履行职责，对造成的损失或者后果负直接领导责任的党员领导干部；

（三）重要领导责任者，是指在其职责范围内，对应管的工作或者参与决定的工作不履行或者不正确履行职责，对造成的损失或者后果负次要领导责任的党员领导干部。

本条例所称领导责任者，包括主要领导责任者和重要领导责任者。

第四十条　本条例所称主动交代，是指涉嫌违纪的党员在组织谈话函询、初步核实前向有关组织交代自己的问题，或者在谈话函询、初步核实和立案审查期间交代组织未掌握的问题。

第四十一条　担任职级、单独职务序列等级的党员干部违犯党纪受到处分，需要对其职级、单独职务序列等级进行调整的，参照本条例关于党外职务的规定执行。

第四十二条　计算经济损失应当计算立案时已经实际造成的全部财产损失，包括为挽回违纪行为所造成损失而支付的各种开支、费用。立案后至处理前持续发生的经济损失，应当一并计算在内。

第四十三条　对于违纪行为所获得的经济利益，应当收缴或者责令退赔。对于主动上交的违纪所得和经济损失赔偿，应当予以接收，并按照规定收缴或者返还有关单位、个人。

对于违纪行为所获得的职务、职级、职称、学历、学位、奖励、资格等其他利益，应当由承办案件的纪检机关或者由其上级纪检机关建议有关组织、部门、单位按照规定予以纠正。

对于依照本条例第三十七条、第三十八条规定处理的党员，经调查确属其实施违纪行为获得的利益，依照本条规定处理。

第四十四条　党纪处分决定作出后，应当在一个月内向受处分党员所在党的基层组织中的全体党员及其本人宣布，是领导班子成员的还应当向所在党组织领导班子宣布，并按照干部管理权限和组织关系将处分决定材料归入受处分者档案；对于受到撤销党内职务以上处分的，还应当在一个月内办理职务、工资、工作及其他有关待遇等相应变更手续；涉及撤销或者调整其党外职务的，应当建议党外组织及时撤销或者调整其党外职务。特殊情况下，经作出或者批准作出处分决定的组织批准，可以适当延长办理期限。办理期限最长不得超过六个月。

第四十五条　执行党纪处分决定的机关或者受处分党员所在单位，应当在六个月内将处分决定的执行情况向作出或者批准处分决定的机关报告。

党员对所受党纪处分不服的，可以依照党章及有关规定提出申诉。

第四十六条　党员因违犯党纪受到处分，影响期满后，党组织无需取消对其的处分。

第四十七条　本条例所称以上、以下，除有特别标明外均含本级、本数。

第四十八条　本条例总则适用于有党纪处分规定的其他党内法规，但是中共中央发布或者批准发布的其他党内法规有特别规定的除外。

第二编　分　则

第六章　对违反政治纪律行为的处分

第四十九条　在重大原则问题上不同党中央保持一致且有实际言论、行为或者造成不良后果的，给予警告或者严重警告处分；情节较重的，给予撤销党内职务或者留党察看处分；情节严重的，给予开除党籍处分。

第五十条　通过网络、广播、电视、报刊、传单、书籍等，或者利用讲座、论坛、报告会、座谈会等方式，公开发表坚持资产阶级自由化立场、反对四项基本原则，反对党的改革开放决策的文章、演说、宣言、声明等的，给予开除党籍处分。

发布、播出、刊登、出版前款所列文章、演说、宣言、声明等或者为上述行为提供方便条件的，对直接责任者和领导责任者，给予严重警告或者撤销党内职务处分；情节严重的，给予留党察看或者开除党籍处分。

第五十一条　通过网络、广播、电视、报刊、传单、书籍等，或者利用讲座、论坛、报告会、座谈会等方式，有下列行为之一，情节较轻的，给予警告或者严重警告处分；情节较重的，给予撤销党内职务或者留党察看处分；情节严重的，给予开除党籍处分：

（一）公开发表违背四项基本原则，违背、歪曲党的改革开放决策，或者其他有严重政治问题的文章、演说、宣言、声明等；

（二）妄议党中央大政方针，破坏党的集中统一；

（三）丑化党和国家形象，或者诋毁、诬蔑党和国家领导人、英雄模范，或者歪曲党的历史、中华人民共和国历史、人民军队历史。

发布、播出、刊登、出版前款所列内容或者为上述行为提供方便条件的，对直接责任者和领导责任者，给予严重警告或者撤销党内职务处分；情节严重的，给予留党察看或者开除党籍处分。

第五十二条　制作、贩卖、传播第五十条、第五十一条所列内容之一的报刊、书籍、音像制品、电子读物，以及网络文本、图片、音频、视频资料等，情节较轻的，给予警告或者严重警告处分；情节较重的，给予撤销党内职务或者留党察看处分；情节严重的，给予开除党籍处分。

私自携带、寄递第五十条、第五十一条所列内容之一的报刊、书籍、音像制品、电子读物等入出境，情节较重的，给予警告或者严重警告处分；情节严重的，给予撤销党内职务、留党察看或者开除党籍处分。

私自阅看、浏览、收听第五十条、第五十一条所列内容之一的报刊、书籍、音像制品、电子读物，以及网络文本、图片、音频、视频资料等，情节严重的，给予警告、严重警告或者撤销党内职务处分。

第五十三条　在党内组织秘密集团或者组织其他分裂党的活动的，给予开除党籍处分。

参加秘密集团或者参加其他分裂党的活动的，给予留党察看或者开除党籍处分。

第五十四条　在党内搞团团伙伙、结党营私、拉帮结派、政治攀附、培植个人势力等非组织活动，或者通过搞利益交换、为自己营造声势等活动捞取政治资本的，给予严重警告或者撤销党内职务处分；导致本地区、本部门、本单位政治生态恶化的，给予留党察看或者开除党籍处分。

第五十五条　搞投机钻营，结交政治骗子或者被政治骗子利用的，给予严重警告或者撤销党内职务处分；情节严重的，给予留党察看或者开除党籍处分。

充当政治骗子的，给予撤销党内职务、留党察看或者开除党籍处分。

第五十六条　党员领导干部在本人主政的地方或者分管的部门自行其是，搞山头主义，拒不执行党中央确定的大政方针，甚至背着党中央另搞一套的，给予撤销党内职务、留党察看或者开除党籍处分。

贯彻党中央决策部署只表态不落实，或者落实党中央决策部署不坚决，打折扣、搞变通，在政治上造成不良影响或者严重后果的，给予警告或者严重警告处分；情节严重的，给予撤销党内职务、留党察看或者开除党籍处分。

不顾党和国家大局，搞部门或者地方保护主义的，依照前款规定处理。

第五十七条　党员领导干部政绩观错位，违背新发展理念、背离高质量发展要求，给党、国家和人民利益造成较大损失的，给予警告或者严重警告处分；情节较重的，给予撤销党内职务或者留党察看处分；情节严重的，给予开除党籍处分。

搞劳民伤财的"形象工程"、"政绩工程"的，从重或者加重处分。

第五十八条　对党不忠诚不老实，表里不一，阳奉阴违，欺上瞒下，搞两面派，做两面人，在政治上造成不良影响的，给予警告或者严重警告处分；情节较重的，给予撤销党内职务或者留党察看处分；情节严重的，给予开除党籍处分。

第五十九条　制造、散布、传播政治谣言，破坏党的团结统一的，给予警告或者严重警告处分；情节较重的，给予撤销党内职务或者留党察看处分；情节严重的，给予开除党籍处分。

政治品行恶劣，匿名诬告，有意陷害或者制造其他谣言，造成损害或者不良影响的，依照前款规定处理。

第六十条　擅自对应当由党中央决定的重大政策问题作出决定、对外发表主张的，对直接责任者和领导责任者，给予严重警告或者撤销党内职务处分；情节严重的，给予留党察看或者开除党籍处分。

第六十一条　不按照有关规定向组织请示、报告重大事项，对直接责任者和领导责任者，情节较重的，给予警告或者严重警告处分；情节严重的，给予撤销党内职务或者留党察看处分。

第六十二条　干扰巡视巡察工作或者不落实巡视巡察整改要求，对直接责任者和领导责任者，情节较轻的，给予警告或者严重警告处分；情节较重的，给予撤销党内职务或者留党察看处分；情节严重的，给予开除党籍处分。

第六十三条　对抗组织审查，有下列行为之一的，给予警告或者严重警告处分；情节较重的，给予撤销党内职务或者留党察看处分；情节严重的，给予开除党籍处分：

（一）串供或者伪造、销毁、转移、隐匿证据；

（二）阻止他人揭发检举、提供证据材料；

（三）包庇同案人员；

（四）向组织提供虚假情况，掩盖事实；

（五）其他对抗组织审查行为。

第六十四条　组织、参加反对党的基本理论、基本路线、基本方略或者重大方针政策的集会、游行、示威等活动的，或者以组织讲座、论坛、报告会、座谈会等方式，反对党的基本理论、基本路线、基本方略或者重大方针政策，造成严重不良影响的，对策划者、组织者和骨干分子，给予开除党籍处分。

对其他参加人员或者以提供信息、资料、财物、场地等方式支持上述活动者，情节较轻的，给予警告或者严重警告处分；情节较重的，给予撤销党内职务或者留党察看处分；情节严重的，给予开除党籍处分。

对不明真相被裹挟参加，经批评教育后确有悔改表现的，可以免予处分或者不予处分。

未经组织批准参加其他集会、游行、示威等活动，情节较轻的，给予警告或者严重警告处分；情节较重的，给予撤销党内职务或者留党察看处分；情节严重的，给予开除党籍处分。

第六十五条 组织、参加旨在反对党的领导、反对社会主义制度或者敌视政府等组织的，对策划者、组织者和骨干分子，给予开除党籍处分。

对其他参加人员，情节较轻的，给予警告或者严重警告处分；情节较重的，给予撤销党内职务或者留党察看处分；情节严重的，给予开除党籍处分。

第六十六条 组织、参加会道门或者邪教组织的，对策划者、组织者和骨干分子，给予开除党籍处分。

对其他参加人员，情节较轻的，给予警告或者严重警告处分；情节较重的，给予撤销党内职务或者留党察看处分；情节严重的，给予开除党籍处分。

对不明真相的参加人员，经批评教育后确有悔改表现的，可以免予处分或者不予处分。

第六十七条 从事、参与挑拨破坏民族关系制造事端或者参加民族分裂活动的，对策划者、组织者和骨干分子，给予开除党籍处分。

对其他参加人员，情节较轻的，给予警告或者严重警告处分；情节较重的，给予撤销党内职务或者留党察看处分；情节严重的，给予开除党籍处分。

对不明真相被裹挟参加，经批评教育后确有悔改表现的，可以免予处分或者不予处分。

有其他违反党和国家民族政策的行为，情节较轻的，给予警告或者严重警告处分；情节较重的，给予撤销党内职务或者留党察看处分；情节严重的，给予开除党籍处分。

第六十八条　组织、利用宗教活动反对党的理论、路线、方针、政策和决议，破坏民族团结的，对策划者、组织者和骨干分子，给予开除党籍处分。

对其他参加人员，给予撤销党内职务或者留党察看处分；情节严重的，给予开除党籍处分。

对不明真相被裹挟参加，经批评教育后确有悔改表现的，可以免予处分或者不予处分。

有其他违反党和国家宗教政策的行为，情节较轻的，给予警告或者严重警告处分；情节较重的，给予撤销党内职务或者留党察看处分；情节严重的，给予开除党籍处分。

第六十九条　对信仰宗教的党员，应当加强思想教育，要求其限期改正；经党组织帮助教育仍没有转变的，应当劝其退党；劝而不退的，予以除名；参与利用宗教搞煽动活动的，给予开除党籍处分。

第七十条　组织迷信活动的，给予撤销党内职务或者留党察看处分；情节严重的，给予开除党籍处分。

参加迷信活动或者个人搞迷信活动，造成不良影响的，给予警告或者严重警告处分；情节较重的，给予撤销党内职务或者留党察看处分；情节严重的，给予开除党籍处分。

对不明真相的参加人员，经批评教育后确有悔改表现的，可以免予处分或者不予处分。

第七十一条　组织、利用宗族势力对抗党和政府，妨碍党和国家的方针政策以及决策部署的实施，或者破坏党的基层组织建设的，对策划者、组织者和骨干分子，给予开除党籍处分。

对其他参加人员，给予撤销党内职务或者留党察看处分；情节严重的，给予开除党籍处分。

对不明真相被裹挟参加，经批评教育后确有悔改表现的，可以免予处分或者不予处分。

第七十二条　在国（境）外、外国驻华使（领）馆申请政治避难，或者违纪后逃往国（境）外、外国驻华使（领）馆的，给予开除党籍处分。

在国（境）外公开发表反对党和政府的文章、演说、宣言、声明等的，依照前款规定处理。

故意为上述行为提供方便条件的，给予留党察看或者开除党籍处分。

第七十三条　在涉外活动中，其言行在政治上造成恶劣影响，损害党和国家尊严、利益的，给予撤销党内职务或者留党察看处分；情节严重的，给予开除党籍处分。

第七十四条　不履行全面从严治党主体责任、监督责任或者履行全面从严治党主体责任、监督责任不力，给党组织造成严重损害或者严重不良影响的，对直接责任者和领导责任者，给予警告或者严重警告处分；情节严重的，给予撤销党内职务或者留党察看处分。

第七十五条　党员领导干部对违反政治纪律和政治规矩等错误思想和行为不报告、不抵制、不斗争，放任不管，搞无原则一团和气，造成不良影响的，给予警告或者严重警告处分；情节严重的，给予撤销党内职务或者留党察看处分。

第七十六条　违反党的优良传统和工作惯例等党的规矩，在政治上造成不良影响或者严重后果的，给予警告或者严重警告处分；情节较重的，给予撤销党内职务或者留党察看处分；情节严重的，给予开除党籍处分。

第七章　对违反组织纪律行为的处分

第七十七条　违反民主集中制原则，有下列行为之一的，给予警告或者严重警告处分；情节严重的，给予撤销党内职务或者留党察看处分：

（一）拒不执行或者擅自改变党组织作出的重大决定；

（二）违反议事规则，个人或者少数人决定重大问题；

（三）故意规避集体决策，决定重大事项、重要干部任免、重要项目安排和大额资金使用；

（四）借集体决策名义集体违规。

第七十八条　下级党组织拒不执行或者擅自改变上级党组织决定的，对直接责任者和领导责任者，给予警告或者严重警告处分；情节严重的，给予撤销党内职务或者留党察看处分。

第七十九条　拒不执行党组织的分配、调动、交流等决定的，给予警告、严重警告或者撤销党内职务处分。

在特殊时期或者紧急状况下，拒不执行党组织上述决定的，给予留党察看或者开除党籍处分。

第八十条　在党组织纪律审查中，依法依规负有作证义务的党员拒绝作证或者故意提供虚假情况，情节较重的，给予警告或者严重警告处分；情节严重的，给予撤销党内职务、留党察看或者开除党籍处分。

第八十一条　有下列行为之一，情节较重的，给予警告或者严重警告处分：

（一）违反个人有关事项报告规定，隐瞒不报；

（二）在组织进行谈话函询时，不如实向组织说明问题；

（三）不按要求报告或者不如实报告个人去向；

（四）不如实填报个人档案资料。

有前款第二项规定的行为，同时向组织提供虚假情况、掩盖事实的，依照本条例第六十三条规定处理。

篡改、伪造个人档案资料的，给予严重警告处分；情节严重的，给予撤销党内职务或者留党察看处分。

隐瞒入党前严重错误的，一般应当予以除名；对入党多年且一贯表现好，或者在工作中作出突出贡献的，给予严重警告、撤销党内职务或者留党察看处分。

第八十二条 党员领导干部违反有关规定组织、参加自发成立的老乡会、校友会、战友会等，情节严重的，给予警告、严重警告或者撤销党内职务处分。

第八十三条 有下列行为之一的，给予警告或者严重警告处分；情节较重的，给予撤销党内职务或者留党察看处分；情节严重的，给予开除党籍处分：

（一）在民主推荐、民主测评、组织考察和党内选举中搞拉票、助选等非组织活动；

（二）在法律规定的投票、选举活动中违背组织原则搞非组织活动，组织、怂恿、诱使他人投票、表决；

（三）在选举中进行其他违反党章、其他党内法规和有关章程活动。

搞有组织的拉票贿选，或者用公款拉票贿选的，从重或者加重处分。

第八十四条 在干部选拔任用工作中，有任人唯亲、排斥异己、封官许愿、说情干预、跑官要官、突击提拔或者调整干部等违反干部选拔任用规定行为，对直接责任者和领导责任者，情节较轻的，给予警告或者严重警告处分；情节较重的，给予撤销党内职务或者留党察看处分；情节严重的，给予开除党籍处分。

用人失察失误造成严重后果的，对直接责任者和领导责任者，依照前款规定处理。

第八十五条 在推进领导干部能上能下工作中，搞好人主义，有下列行为之一，对直接责任者和领导责任者，情节较重的，给予警告或者严重警告处分；情节严重的，给予撤销党内职务或者留党察看处分：

（一）以党纪政务等处分规避组织调整；

（二）以组织调整代替党纪政务等处分；

（三）其他避重就轻作出处理行为。

第八十六条 在干部、职工的录用、考核、职务职级晋升、职称评聘、荣誉表彰，授予学术称号和征兵、安置退役军人等工作中，隐瞒、歪曲事实真相，或者利用职权或者职务上的影响违反有关规定为本人或者其他人谋取利益的，给予警告或者严重警告处分；情节较重的，给予撤销党内职务或者留党察看处分；情节严重的，给予开除党籍处分。

弄虚作假，骗取职务、职级、职称、待遇、资格、学历、学位、荣誉、称号或者其他利益的，依照前款规定处理。

第八十七条　侵犯党员的表决权、选举权和被选举权，情节较重的，给予警告或者严重警告处分；情节严重的，给予撤销党内职务处分。

以强迫、威胁、欺骗、拉拢等手段，妨害党员自主行使表决权、选举权和被选举权的，给予撤销党内职务、留党察看或者开除党籍处分。

第八十八条　有下列行为之一的，对直接责任者和领导责任者，给予警告或者严重警告处分；情节较重的，给予撤销党内职务或者留党察看处分；情节严重的，给予开除党籍处分：

（一）对批评、检举、控告进行阻挠、压制，或者将批评、检举、控告材料私自扣压、销毁，或者故意将其泄露给他人；

（二）对党员的申辩、辩护、作证等进行压制，造成不良后果；

（三）压制党员申诉，造成不良后果，或者不按照有关规定处理党员申诉；

（四）其他侵犯党员权利行为，造成不良后果。

对批评人、检举人、控告人、证人及其他人员打击报复的，从重或者加重处分。

第八十九条　违反党章和其他党内法规的规定，采取弄虚作假或者其他手段把不符合党员条件的人发展为党员，或者为非党员出具党员身份证明的，对直接责任者和领导责任者，给予警告或者严重警告处分；情节严重的，给予撤销党内职务处分。

违反有关规定程序发展党员的，对直接责任者和领导责任者，依照前款规定处理。

第九十条　违反有关规定取得外国国籍或者获取国（境）外永久居留资格、长期居留许可的，给予撤销党内职务、留党察看或者开除党籍处分。

第九十一条　违反有关规定办理因私出国（境）证件、前往港澳通行证，或者未经批准出入国（边）境，情节较轻的，给予警告或者严重警告处分；情节较重的，给予撤销党内职务或者留党察看处分；情节严重的，给予开除党籍处分。

虽经批准因私出国（境）但存在擅自变更路线、无正当理由超期未归等超出批准范围出国（境）行为，情节较重的，给予警告或者严重警告处分；情节严重的，给予撤销党内职务处分。

第九十二条　驻外机构或者临时出国（境）团（组）中的党员擅自脱离组织，或者从事外事、机要、军事等工作的党员违反有关规定同国（境）外机构、人员联系和交往的，给予警告、严重警告或者撤销党内职务处分。

第九十三条　驻外机构或者临时出国（境）团（组）中的党员，脱离组织出走时间不满六个月又自动回归的，给予撤销党内职务或者留党察看处分；脱离组织出走时间超过六个月的，按照自行脱党处理，党内予以除名。

故意为他人脱离组织出走提供方便条件的，给予警告、严重警告或者撤销党内职务处分。

第八章　对违反廉洁纪律行为的处分

第九十四条　党员干部必须正确行使人民赋予的权力，清正廉洁，反对特权思想和特权现象，反对任何滥用职权、谋求私利的行为。

利用职权或者职务上的影响为他人谋取利益，本人的配偶、子女及其配偶等亲属和其他特定关系人收受对方财物，情节较重的，给予警告或者严重警告处分；情节严重的，给予撤销党内职务、留党察看或者开除党籍处分。

第九十五条　相互利用职权或者职务上的影响为对方及其配偶、子女及其配偶等亲属、身边工作人员和其他特定关系人谋取利益搞权权交易的，给予警告或者严重警告处分；情节较重的，给予撤销党内职务或者留党察看处分；情节严重的，给予开除党籍处分。

第九十六条　纵容、默许配偶、子女及其配偶等亲属、身边工作人员和其他特定关系人利用党员干部本人职权或者职务上的影响谋取私利，情节较轻的，给予警告或者严重警告处分；情节较重的，给予撤销党内职务或者留党察看处分；情节严重的，给予开除党籍处分。

党员干部的配偶、子女及其配偶等亲属和其他特定关系人不实际工作而获取薪酬或者虽实际工作但领取明显超出同职级标准薪酬，党员干部知情未予纠正的，依照前款规定处理。

第九十七条 收受可能影响公正执行公务的礼品、礼金、消费卡（券）和有价证券、股权、其他金融产品等财物，情节较轻的，给予警告或者严重警告处分；情节较重的，给予撤销党内职务或者留党察看处分；情节严重的，给予开除党籍处分。

收受其他明显超出正常礼尚往来的财物的，依照前款规定处理。

第九十八条 向从事公务的人员及其配偶、子女及其配偶等亲属和其他特定关系人赠送明显超出正常礼尚往来的礼品、礼金、消费卡（券）和有价证券、股权、其他金融产品等财物，情节较重的，给予警告或者严重警告处分；情节严重的，给予撤销党内职务或者留党察看处分。

以讲课费、课题费、咨询费等名义变相送礼的，依照前款规定处理。

第九十九条 借用管理和服务对象的钱款、住房、车辆等，可能影响公正执行公务，情节较重的，给予警告或者严重警告处分；情节严重的，给予撤销党内职务、留党察看或者开除党籍处分。

通过民间借贷等金融活动获取大额回报，可能影响公正执行公务的，依照前款规定处理。

第一百条 利用职权或者职务上的影响操办婚丧喜庆事宜，造成不良影响的，给予警告或者严重警告处分；情节严重的，给予撤销党内职务处分；借机敛财或者有其他侵犯国家、集体和人民利益行为的，从重或者加重处分，直至开除党籍。

第一百零一条 接受、提供可能影响公正执行公务的宴请或者旅游、健身、娱乐等活动安排，情节较重的，给予警告或者严重警告处分；情节严重的，给予撤销党内职务或者留党察看处分。

第一百零二条 违反有关规定取得、持有、实际使用运动健身卡、会所和俱乐部会员卡、高尔夫球卡等各种消费卡（券），或者违反有关规定出入私人会所，情节较重的，给予警告或者严重警告处分；情节严重的，给予撤销党内职务或者留党察看处分。

第一百零三条 违反有关规定从事营利活动，有下列行为之一，情节较轻的，给予警告或者严重警告处分；情节较重的，给予撤销党内职务或者留党察看处分；情节严重的，给予开除党籍处分：

（一）经商办企业；

（二）拥有非上市公司（企业）的股份或者证券；

（三）买卖股票或者进行其他证券投资；

（四）从事有偿中介活动；

（五）在国（境）外注册公司或者投资入股；

（六）其他违反有关规定从事营利活动的行为。

利用参与企业重组改制、定向增发、兼并投资、土地使用权出让等工作中掌握的信息买卖股票，利用职权或者职务上的影响通过购买信托产品、基金等方式非正常获利的，依照前款规定处理。

违反有关规定在经济组织、社会组织等单位中兼职，或者经批准兼职但获取薪酬、奖金、津贴等额外利益的，依照第一款规定处理。

第一百零四条 利用职权或者职务上的影响，为配偶、子女及其配偶等亲属和其他特定关系人在审批监管、资源开发、金融信贷、大宗采购、土地使用权出让、房地产开发、工程招投标以及公共财政收支等方面谋取利益，情节较轻的，给予警告或者严重警告处分；情节较重的，给予撤销党内职务或者留党察看处分；情节严重的，给予开除党籍处分。

利用职权或者职务上的影响，为配偶、子女及其配偶等亲属和其他特定关系人吸收存款、推销金融产品、经营名贵特产类特殊资源等提供帮助谋取利益的，依照前款规定处理。

第一百零五条 离职或者退（离）休后违反有关规定接受原任职务管辖的地区和业务范围内或者与原工作业务直接相关的企业和中介机构等单位的聘用，或者个人从事与原任职务管辖业务或者与原工作业务直接相关的营利活动，情节较轻的，给予警告或者严重警告处分；情节较重的，给予撤销党内职务处分；情节严重的，给予留党察看处分。

党员领导干部离职或者退（离）休后违反有关规定担任上市公司、基金管理公司独立董事、独立监事等职务，情节较轻的，给予警告或者严重警告处分；情节较重的，给予撤销党内职务处分；情节严重的，给予留党察看处分。

第一百零六条 离职或者退（离）休后利用原职权或者职务上的影响，为配偶、子女及其配偶等亲属和其他特定关系人从事经营活动谋取利益，情节较轻的，给予警告或者严重警告处分；情节较重的，给予撤销党内职务或者留党察看处分；情节严重的，给予开除党籍处分。

离职或者退（离）休后利用原职权或者职务上的影响为他人谋取利益，本人的配偶、子女及其配偶等亲属和其他特定关系人收受对方财物，情节较重的，给予警告或者严重警告处分；情节严重的，给予撤销党内职务、留党察看或者开除党籍处分。

第一百零七条 党员领导干部的配偶、子女及其配偶，违反有关规定在该党员领导干部管辖的地区和业务范围内从事可能影响其公正执行公务的经营活动，或者有其他违反经商办企业禁业规定行为的，该党员领导干部应当按照规定予以纠正；拒不纠正的，其本人应当辞去现任职务或者由组织予以调整职务；不辞去现任职务或者不服从组织调整职务的，给予撤销党内职务处分。

第一百零八条 党和国家机关违反有关规定经商办企业的，对直接责任者和领导责任者，给予警告或者严重警告处分；情节严重的，给予撤销党内职务处分。

第一百零九条 党员领导干部违反工作、生活保障制度，在交通、医疗、警卫等方面为本人、配偶、子女及其配偶等亲属、身边工作人员和其他特定关系人谋求特殊待遇，情节较重的，给予警告或者严重警告处分；情节严重的，给予撤销党内职务或者留党察看处分。

第一百一十条 在分配、购买住房中侵犯国家、集体利益，情节较轻的，给予警告或者严重警告处分；情节较重的，给予撤销党内职务或者留党察看处分；情节严重的，给予开除党籍处分。

第一百一十一条 利用职权或者职务上的影响，侵占非本人经管的公私财物，或者以象征性地支付钱款等方式侵占公私财物，或者无偿、象征性地支付报酬接受服务、使用劳务，情节较轻的，给予警告或者严重警告处分；情节较重的，给予撤销党内职务或者留党察看处分；情节严重的，给予开除党籍处分。

利用职权或者职务上的影响，将应当由本人、配偶、子女及其配偶等亲属、身边工作人员和其他特定关系人个人支付的费用，由下属单位、其他单位或者他人支付、报销的，依照前款规定处理。

第一百一十二条 利用职权或者职务上的影响，违反有关规定占用公物归个人使用，时间超过六个月，情节较重的，给予警告或者严重警告处分；情节严重的，给予撤销党内职务处分。

占用公物进行营利活动的，给予警告或者严重警告处分；情节较重的，给予撤销党内职务或者留党察看处分；情节严重的，给予开除党籍处分。

将公物借给他人进行营利活动的，依照前款规定处理。

第一百一十三条 违反有关规定组织、参加用公款支付的宴请、娱乐、健身活动，或者用公款购买赠送或者发放礼品、消费卡（券）等，对直接责任者和领导责任者，情节较轻的，给予警告或者严重警告处分；情节较重的，给予撤销党内职务或者留党察看处分；情节严重的，给予开除党籍处分。

第一百一十四条 违反有关规定自定薪酬或者滥发津贴、补贴、奖金、福利等，对直接责任者和领导责任者，情节较轻的，给予警告或者严重警告处分；情节较重的，给予撤销党内职务或者留党察看处分；情节严重的，给予开除党籍处分。

第一百一十五条 有下列行为之一，对直接责任者和领导责任者，情节较轻的，给予警告或者严重警告处分；情节较重的，给予撤销党内职务或者留党察看处分；情节严重的，给予开除党籍处分：

（一）公款旅游或者以学习培训、考察调研、职工疗养等为名变相公款旅游；

（二）改变公务行程，借机旅游；

（三）参加所管理企业、下属单位组织的考察活动，借机旅游。

以考察、学习、培训、研讨、招商、参展等名义变相用公款出国（境）旅游的，对直接责任者和领导责任者，依照前款规定处理。

第一百一十六条　违反接待管理规定，超标准、超范围接待或者借机大吃大喝，对直接责任者和领导责任者，情节较重的，给予警告或者严重警告处分；情节严重的，给予撤销党内职务处分。

第一百一十七条　违反有关规定配备、购买、更换、装饰、使用公务交通工具或者有其他违反公务交通工具管理规定的行为，对直接责任者和领导责任者，情节较重的，给予警告或者严重警告处分；情节严重的，给予撤销党内职务或者留党察看处分。

第一百一十八条　违反会议活动管理规定，有下列行为之一，对直接责任者和领导责任者，情节较重的，给予警告或者严重警告处分；情节严重的，给予撤销党内职务处分：

（一）到禁止召开会议的风景名胜区开会；

（二）决定或者批准举办各类节会、庆典活动；

（三）其他违反会议活动管理规定行为。

擅自举办评比达标表彰、创建示范活动或者借评比达标表彰、创建示范活动收取费用的，对直接责任者和领导责任者，依照前款规定处理。

第一百一十九条　违反办公用房管理等规定，有下列行为之一，对直接责任者和领导责任者，情节较重的，给予警告或者严重警告处分；情节严重的，给予撤销党内职务处分：

（一）决定或者批准兴建、装修办公楼、培训中心等楼堂馆所；

（二）超标准配备、使用办公用房；

（三）未经批准租用、借用办公用房；

（四）用公款包租、占用客房或者其他场所供个人使用；

（五）其他违反办公用房管理等规定行为。

第一百二十条 搞权色交易或者给予财物搞钱色交易的，给予警告或者严重警告处分；情节较重的，给予撤销党内职务或者留党察看处分；情节严重的，给予开除党籍处分。

第一百二十一条 有其他违反廉洁纪律规定行为的，应当视具体情节给予警告直至开除党籍处分。

第九章 对违反群众纪律行为的处分

第一百二十二条 有下列行为之一，对直接责任者和领导责任者，情节较轻的，给予警告或者严重警告处分；情节较重的，给予撤销党内职务或者留党察看处分；情节严重的，给予开除党籍处分：

（一）超标准、超范围向群众筹资筹劳、摊派费用，加重群众负担；

（二）违反有关规定扣留、收缴群众款物或者处罚群众；

（三）克扣群众财物，或者违反有关规定拖欠群众钱款；

（四）在管理、服务活动中违反有关规定收取费用；

（五）在办理涉及群众事务时刁难群众、吃拿卡要；

（六）其他侵害群众利益行为。

在乡村振兴领域有上述行为的，从重或者加重处分。

第一百二十三条 干涉生产经营自主权，致使群众财产遭受较大损失的，对直接责任者和领导责任者，给予警告或者严重警告处分；情节严重的，给予撤销党内职务或者留党察看处分。

第一百二十四条 在社会保障、社会救助、政策扶持、救灾救济款物分配等事项中优亲厚友、明显有失公平的，给予警告或者严重警告处分；情节较重的，给予撤销党内职务或者留党察看处分；情节严重的，给予开除党籍处分。

第一百二十五条 利用宗族或者黑恶势力等欺压群众，或者纵容涉黑涉恶活动、为黑恶势力充当"保护伞"的，给予撤销党内职务或者留党察看处分；情节严重的，给予开除党籍处分。

第一百二十六条 有下列行为之一，对直接责任者和领导责任者，情节较重的，给予警告或者严重警告处分；情节严重的，给予撤销党内职务或者留党察看处分：

（一）对涉及群众生产、生活等切身利益的问题依照政策或者有关规定能解决而不及时解决，庸懒无为、效率低下，造成不良影响；

（二）对符合政策的群众诉求消极应付、推诿扯皮，损害党群、干群关系；

（三）对待群众态度恶劣、简单粗暴，造成不良影响；

（四）弄虚作假，欺上瞒下，损害群众利益；

（五）其他不作为、乱作为、慢作为、假作为等损害群众利益行为。

第一百二十七条　遇到国家财产和群众生命财产受到严重威胁时，能救而不救，情节较重的，给予警告、严重警告或者撤销党内职务处分；情节严重的，给予留党察看或者开除党籍处分。

第一百二十八条　不按照规定公开党务、政务、厂务、村（居）务等，侵犯群众知情权，对直接责任者和领导责任者，情节较重的，给予警告或者严重警告处分；情节严重的，给予撤销党内职务或者留党察看处分。

第一百二十九条　有其他违反群众纪律规定行为的，应当视具体情节给予警告直至开除党籍处分。

第十章　对违反工作纪律行为的处分

第一百三十条　工作中不负责任或者疏于管理，贯彻执行、检查督促落实上级决策部署不力，给党、国家和人民利益以及公共财产造成较大损失的，对直接责任者和领导责任者，给予警告或者严重警告处分；造成重大损失的，给予撤销党内职务、留党察看或者开除党籍处分。

党员领导干部对于到任前已经存在且属于其职责范围内的问题，消极回避、推卸责任，造成严重损害或者严重不良影响的，依照前款规定处理。

第一百三十一条　工作中不敢斗争、不愿担当，面对重大矛盾冲突、危机困难临阵退缩，造成不良影响或者严重后果的，给予警告或者严重警告处分；情节严重的，给予撤销党内职务、留党察看或者开除党籍处分。

第一百三十二条　有下列行为之一，造成严重损害或者严重不良影响的，对直接责任者和领导责任者，给予警告或者严重警告处分；情节较重的，给予撤销党内职务或者留党察看处分；情节严重的，给予开除党籍处分：

（一）热衷于搞舆论造势、浮在表面；

（二）单纯以会议贯彻会议、以文件落实文件，在实际工作中不见诸行动；

（三）脱离实际，不作深入调查研究，搞随意决策、机械执行；

（四）违反精文减会有关规定搞文山会海；

（五）在督查检查考核等工作中搞层层加码、过度留痕，增加基层工作负担；

（六）工作中其他形式主义、官僚主义行为。

第一百三十三条 在公务活动用餐、单位食堂用餐管理工作中不履行或者不正确履行宣传教育、监督管理职责，导致餐饮浪费，造成严重不良影响的，对直接责任者和领导责任者，给予警告或者严重警告处分；情节严重的，给予撤销党内职务处分。

第一百三十四条 在机构编制工作中，有下列行为之一，造成不良影响或者严重后果的，对直接责任者和领导责任者，给予警告或者严重警告处分；情节较重的，给予撤销党内职务或者留党察看处分；情节严重的，给予开除党籍处分：

（一）擅自超出"三定"规定范围调整职责、设置机构、核定领导职数和配备人员；

（二）违规干预地方机构设置；

（三）其他违反机构编制管理规定行为。

第一百三十五条 在信访工作中，有下列行为之一，造成不良影响或者严重后果的，对直接责任者和领导责任者，给予警告或者严重警告处分；情节较重的，给予撤销党内职务或者留党察看处分；情节严重的，给予开除党籍处分：

（一）不按照规定受理、办理信访事项；

（二）对规模性集体访等处置不力，导致事态扩大；

（三）对党委和政府信访部门提出的改进工作、完善政策等建议重视不够、落实不力，导致问题长期得不到解决；

（四）其他不履行或者不正确履行信访工作职责行为。

不履行或者不正确履行职责，导致信访事项发生，造成不良影响或者严重后果的，对直接责任者和领导责任者，依照前款规定处理。

第一百三十六条　党组织有下列行为之一，对直接责任者和领导责任者，情节较重的，给予警告或者严重警告处分；情节严重的，给予撤销党内职务或者留党察看处分：

（一）党员被立案审查期间，擅自批准其出差、出国（境）、辞职，或者对其交流、提拔职务、晋升职级、进一步使用、奖励，或者办理退休手续；

（二）党员被依法追究刑事责任后，不按照规定给予党纪处分，或者对党员违反国家法律法规的行为，应当给予党纪处分而不处分；

（三）党纪处分决定或者申诉复查决定作出后，不按照规定落实决定中关于被处分人党籍、职务、职级、待遇等事项；

（四）党员受到党纪处分后，不按照干部管理权限和组织关系对受处分党员开展日常教育、管理和监督工作。

第一百三十七条　滥用问责，或者在问责工作中严重不负责任，造成不良影响的，对直接责任者和领导责任者，给予警告或者严重警告处分；情节严重的，给予撤销党内职务处分。

第一百三十八条　因工作不负责任致使所管理的人员叛逃的，对直接责任者和领导责任者，给予警告或者严重警告处分；情节严重的，给予撤销党内职务处分。

因工作不负责任致使所管理的人员出逃、出走，对直接责任者和领导责任者，情节较重的，给予警告或者严重警告处分；情节严重的，给予撤销党内职务处分。

第一百三十九条　进行统计造假，对直接责任者和领导责任者，情节较轻的，给予警告或者严重警告处分；情节较重的，给予撤销党内职务或者留党察看处分；情节严重的，给予开除党籍处分。

对统计造假失察，造成严重后果的，对直接责任者和领导责任者，给予警告或者严重警告处分；情节严重的，给予撤销党内职务、留党察看或者开除党籍处分。

第一百四十条 在上级检查、视察工作或者向上级汇报、报告工作时对应当报告的事项不报告或者不如实报告，造成严重损害或者严重不良影响的，对直接责任者和领导责任者，给予警告或者严重警告处分；情节严重的，给予撤销党内职务或者留党察看处分。

在上级检查、视察工作或者向上级汇报、报告工作时纵容、唆使、暗示、强迫下级说假话、报假情的，从重或者加重处分。

第一百四十一条 违反有关规定干预和插手市场经济活动，有下列行为之一，情节较轻的，给予警告或者严重警告处分；情节较重的，给予撤销党内职务或者留党察看处分；情节严重的，给予开除党籍处分：

（一）干预和插手建设工程项目承发包、土地使用权出让、政府采购、房地产开发与经营、矿产资源开发利用、中介机构服务等活动；

（二）干预和插手国有企业重组改制、兼并、破产、产权交易、清产核资、资产评估、资产转让、重大项目投资以及其他重大经营活动等事项；

（三）干预和插手批办各类行政许可和资金借贷等事项；

（四）干预和插手经济纠纷；

（五）干预和插手集体资金、资产和资源的使用、分配、承包、租赁等事项。

第一百四十二条 违反有关规定干预和插手司法活动、执纪执法活动，向有关地方或者部门打听案情、打招呼、说情，或者以其他方式对司法活动、执纪执法活动施加影响，情节较轻的，给予严重警告处分；情节较重的，给予撤销党内职务或者留党察看处分；情节严重的，给予开除党籍处分。

违反有关规定干预和插手公共财政资金分配、项目立项评审、功勋荣誉表彰奖励等活动，造成重大损失或者不良影响的，依照前款规定处理。

第一百四十三条 按照有关规定对干预和插手行为负有报告和登记义务的受请托人，不按照规定报告或者登记，情节较重的，给予警告或者严重警告处分；情节严重的，给予撤销党内职务处分。

第一百四十四条　泄露、扩散或者打探、窃取党组织关于干部选拔任用、纪律审查、巡视巡察等尚未公开事项或者其他应当保密的内容的，给予警告或者严重警告处分；情节较重的，给予撤销党内职务或者留党察看处分；情节严重的，给予开除党籍处分。

私自留存涉及党组织关于干部选拔任用、纪律审查、巡视巡察等方面资料，情节较重的，给予警告或者严重警告处分；情节严重的，给予撤销党内职务处分。

第一百四十五条　在考试、录取工作中，有泄露试题、考场舞弊、涂改考卷、违规录取等违反有关规定行为的，给予警告或者严重警告处分；情节较重的，给予撤销党内职务或者留党察看处分；情节严重的，给予开除党籍处分。

第一百四十六条　以不正当方式谋求本人或者其他人用公款出国（境），情节较轻的，给予警告处分；情节较重的，给予严重警告处分；情节严重的，给予撤销党内职务处分。

第一百四十七条　临时出国（境）团（组）或者人员中的党员，擅自延长在国（境）外期限，或者擅自变更路线的，对直接责任者和领导责任者，给予警告或者严重警告处分；情节严重的，给予撤销党内职务处分。

第一百四十八条　驻外机构或者临时出国（境）团（组）中的党员，触犯驻在国家、地区的法律、法令或者不尊重驻在国家、地区的宗教习俗，情节较重的，给予警告或者严重警告处分；情节严重的，给予撤销党内职务、留党察看或者开除党籍处分。

第一百四十九条　在党的纪律检查、组织、宣传、统一战线工作以及机关工作等其他工作中，不履行或者不正确履行职责，造成损失或者不良影响的，应当视具体情节给予警告直至开除党籍处分。

第十一章　对违反生活纪律行为的处分

第一百五十条　生活奢靡、铺张浪费、贪图享乐、追求低级趣味，造成不良影响的，给予警告或者严重警告处分；情节严重的，给予撤销党内职务处分。

第一百五十一条 与他人发生不正当性关系，造成不良影响的，给予警告或者严重警告处分；情节较重的，给予撤销党内职务或者留党察看处分；情节严重的，给予开除党籍处分。

利用职权、教养关系、从属关系或者其他相类似关系与他人发生性关系的，从重处分。

第一百五十二条 党员领导干部不重视家风建设，对配偶、子女及其配偶失管失教，造成不良影响或者严重后果的，给予警告或者严重警告处分；情节严重的，给予撤销党内职务处分。

第一百五十三条 违背社会公序良俗，在公共场所、网络空间有不当言行，造成不良影响的，给予警告或者严重警告处分；情节较重的，给予撤销党内职务或者留党察看处分；情节严重的，给予开除党籍处分。

第一百五十四条 有其他严重违反社会公德、家庭美德行为的，应当视具体情节给予警告直至开除党籍处分。

第三编　附　则

第一百五十五条 各省、自治区、直辖市党委可以根据本条例，结合各自工作的实际情况，制定单项实施规定。

第一百五十六条 中央军事委员会可以根据本条例，结合中国人民解放军和中国人民武装警察部队的实际情况，制定补充规定或者单项规定。

第一百五十七条 本条例由中央纪委负责解释。

第一百五十八条 本条例自 2024 年 1 月 1 日起施行。

本条例施行前，已结案的案件如需进行复查复议，适用当时的规定或者政策。尚未结案的案件，如果行为发生时的规定或者政策不认为是违纪，而本条例认为是违纪的，依照当时的规定或者政策处理；如果行为发生时的规定或者政策认为是违纪的，依照当时的规定或者政策处理，但是如果本条例不认为是违纪或者处理较轻的，依照本条例规定处理。

中国共产党发展党员工作细则

（中共中央办公厅2014年5月28日印发）

第一章 总 则

第一条 为了规范发展党员工作，保证新发展的党员质量，保持党的先进性和纯洁性，根据《中国共产党章程》和党内有关规定，制定本细则。

第二条 党的基层组织应当把吸收具有马克思主义信仰、共产主义觉悟和中国特色社会主义信念，自觉践行社会主义核心价值观的先进分子入党，作为一项经常性重要工作。

第三条 发展党员工作应当贯彻党的基本理论、基本路线、基本纲领、基本经验、基本要求，按照控制总量、优化结构、提高质量、发挥作用的总要求，坚持党章规定的党员标准，始终把政治标准放在首位；坚持慎重发展、均衡发展，有领导、有计划地进行；坚持入党自愿原则和个别吸收原则，成熟一个，发展一个。

禁止突击发展，反对"关门主义"。

第二章 入党积极分子的确定和培养教育

第四条 党组织应当通过宣传党的政治主张和深入细致的思想政治工作，提高党外群众对党的认识，不断扩大入党积极分子队伍。

第五条 年满十八岁的中国工人、农民、军人、知识分子和其他社会阶层的先进分子，承认党的纲领和章程，愿意参加党的一个组织并在其中积极工作、执行党的决议和按期交纳党费的，可以申请加入中国共产党。

第六条 入党申请人应当向工作、学习所在单位党组织提出入党申请，没有工作、学习单位或工作、学习单位未建立党组织的，应当向居住地党组织提出入党申请。

流动人员还可以向单位所在地党组织或单位主管部门党组织提出入党申请，也可以向流动党员党组织提出入党申请。

第七条　党组织收到入党申请书后，应当在一个月内派人同入党申请人谈话，了解基本情况。

第八条　在入党申请人中确定入党积极分子，应当采取党员推荐、群团组织推优等方式产生人选，由支部委员会（不设支部委员会的由支部大会，下同）研究决定，并报上级党委备案。

第九条　党组织应当指定一至两名正式党员作入党积极分子的培养联系人。培养联系人的主要任务是：

（一）向入党积极分子介绍党的基本知识；

（二）了解入党积极分子的政治觉悟、道德品质、现实表现和家庭情况等，做好培养教育工作，引导入党积极分子端正入党动机；

（三）及时向党支部汇报入党积极分子情况；

（四）向党支部提出能否将入党积极分子列为发展对象的意见。

第十条　党组织应当采取吸收入党积极分子听党课、参加党内有关活动，给他们分配一定的社会工作以及集中培训等方法，对入党积极分子进行马克思列宁主义、毛泽东思想和中国特色社会主义理论体系教育，党的路线、方针、政策和党的基本知识教育，党的历史和优良传统、作风教育以及社会主义核心价值观教育，使他们懂得党的性质、纲领、宗旨、组织原则和纪律，懂得党员的义务和权利，帮助他们端正入党动机，确立为共产主义事业奋斗终身的信念。

第十一条　党支部每半年对入党积极分子进行一次考察。基层党委每年对入党积极分子队伍状况作一次分析。针对存在的问题，采取改进措施。

第十二条　入党积极分子工作、学习所在单位（居住地）发生变动，应当及时报告原单位（居住地）党组织。原单位（居住地）党组织应当及时将培养教育等有关材料转交现单位（居住地）党组织。现单位（居住地）党组织应当对有关材料进行认真审查，并接续做好培养教育工作。培养教育时间可连续计算。

第三章 发展对象的确定和考察

第十三条 对经过一年以上培养教育和考察、基本具备党员条件的入党积极分子，在听取党小组、培养联系人、党员和群众意见的基础上，支部委员会讨论同意并报上级党委备案后，可列为发展对象。

第十四条 发展对象应当有两名正式党员作入党介绍人。入党介绍人一般由培养联系人担任，也可由党组织指定。

受留党察看处分、尚未恢复党员权利的党员，不能作入党介绍人。

第十五条 入党介绍人的主要任务是：

（一）向发展对象解释党的纲领、章程，说明党员的条件、义务和权利；

（二）认真了解发展对象的入党动机、政治觉悟、道德品质、工作经历、现实表现等情况，如实向党组织汇报；

（三）指导发展对象填写《中国共产党入党志愿书》，并认真填写自己的意见；

（四）向支部大会负责地介绍发展对象的情况；

（五）发展对象批准为预备党员后，继续对其进行教育帮助。

第十六条 党组织必须对发展对象进行政治审查。

政治审查的主要内容是：对党的理论和路线、方针、政策的态度；政治历史和在重大政治斗争中的表现；遵纪守法和遵守社会公德情况；直系亲属和与本人关系密切的主要社会关系的政治情况。

政治审查的基本方法是：同本人谈话、查阅有关档案材料、找有关单位和人员了解情况以及必要的函调或外调。在听取本人介绍和查阅有关材料后，情况清楚的可不函调或外调。对流动人员中的发展对象进行政治审查时，还应当征求其户籍所在地和居住地基层党组织的意见。

政治审查必须严肃认真、实事求是，注重本人的一贯表现。审查情况应当形成结论性材料。

凡是未经政治审查或政治审查不合格的，不能发展入党。

第十七条 基层党委或县级党委组织部门应当对发展对象进行短期集中培训。培训时间一般不少于三天（或不少于二十四个学时）。培训时主要学习党章、《关于党内政治生活的若干准则》等文件。中央组织部组织编写的《入党教材》，可以作为学习辅导材料。

未经培训的，除个别特殊情况外，不能发展入党。

第四章　预备党员的接收

第十八条　接收预备党员应当严格按照党章规定的程序办理。

第十九条　支部委员会应当对发展对象进行严格审查，经集体讨论认为合格后，报具有审批权限的基层党委预审。

基层党委对发展对象的条件、培养教育情况等进行审查，根据需要听取执纪执法等相关部门的意见。审查结果以书面形式通知党支部，并向审查合格的发展对象发放《中国共产党入党志愿书》。

发展对象未来三个月内将离开工作、学习单位的，一般不办理接收预备党员的手续。

第二十条　经基层党委预审合格的发展对象，由支部委员会提交支部大会讨论。

召开讨论接收预备党员的支部大会，有表决权的到会人数必须超过应到会有表决权人数的半数。

第二十一条　支部大会讨论接收预备党员的主要程序是：

（一）发展对象汇报对党的认识、入党动机、本人履历、家庭和主要社会关系情况，以及需向党组织说明的问题；

（二）入党介绍人介绍发展对象有关情况，并对其能否入党表明意见；

（三）支部委员会报告对发展对象的审查情况；

（四）与会党员对发展对象能否入党进行充分讨论，并采取无记名投票方式进行表决。赞成人数超过应到会有表决权的正式党员的半数，才能通过接收预备党员的决议。因故不能到会的有表决权的正式党员，在支部大会召开前正式向党支部提出书面意见的，应当统计在票数内。

支部大会讨论两个以上的发展对象入党时，必须逐个讨论和表决。

第二十二条　党支部应当及时将支部大会决议写入《中国共产党入党志

愿书》，连同本人入党申请书、政治审查材料、培养教育考察材料等，一并报上级党委审批。

支部大会决议主要包括：发展对象的主要表现；应到会和实际到会有表决权的党员人数；表决结果；通过决议的日期；支部书记签名。

第二十三条　预备党员必须由党委（工委，下同）审批。

乡镇（街道）党委所属的基层党委，不能审批预备党员，但应当对支部大会通过接收的预备党员进行审议。

党总支不能审批预备党员，但应当对支部大会通过接收的预备党员进行审议。

除另有规定外，临时党组织不能接收、审批预备党员。

党组不能审批预备党员。

第二十四条　党委审批前，应当指派党委委员或组织员同发展对象谈话，作进一步的了解，并帮助发展对象提高对党的认识。谈话人应当将谈话情况和自己对发展对象能否入党的意见，如实填写在《中国共产党入党志愿书》上，并向党委汇报。

第二十五条　党委审批预备党员，必须集体讨论和表决。

党委主要审议发展对象是否具备党员条件、入党手续是否完备。发展对象符合党员条件、入党手续完备的，批准其为预备党员。党委审批意见写入《中国共产党入党志愿书》，注明预备期的起止时间，并通知报批的党支部。党支部应当及时通知本人并在党员大会上宣布。对未被批准入党的，应当通知党支部和本人，做好思想工作。

党委会审批两个以上的发展对象入党时，应当逐个审议和表决。

第二十六条　党委对党支部上报的接收预备党员的决议，应当在三个月内审批，并报上级党委组织部门备案。如遇特殊情况可适当延长审批时间，但不得超过六个月。

第二十七条　在特殊情况下，党的中央和省、自治区、直辖市委员会可以直接接收党员。

第二十八条　对在中国特色社会主义事业中为党和人民利益英勇献身，

事迹突出，在一定范围内有较大影响，生前一贯表现良好并曾向党组织提出过入党要求的人员，可以追认为党员。

追认党员必须严格掌握，由所在单位党组织讨论决定后，经上级党委审查，报省一级党委批准。

第五章　预备党员的教育、考察和转正

第二十九条　党组织应当及时将上级党委批准的预备党员编入党支部和党小组，对预备党员继续进行教育和考察。

第三十条　预备党员必须面向党旗进行入党宣誓。入党宣誓仪式，一般由基层党委或党支部（党总支）组织进行。

第三十一条　党组织应当通过党的组织生活、听取本人汇报、个别谈心、集中培训、实践锻炼等方式，对预备党员进行教育和考察。

第三十二条　预备党员的预备期为一年。预备期从支部大会通过其为预备党员之日算起。

预备党员预备期满，党支部应当及时讨论其能否转为正式党员。认真履行党员义务、具备党员条件的，应当按期转为正式党员；需要继续考察和教育的，可以延长一次预备期，延长时间不能少于半年，最长不超过一年；不履行党员义务、不具备党员条件的，应当取消其预备党员资格。

预备党员违犯党纪，情节较轻，尚可保留预备党员资格的，应当对其进行批评教育或延长预备期；情节较重的，应当取消其预备党员资格。

预备党员转为正式党员、延长预备期或取消预备党员资格，应当经支部大会讨论通过和上级党组织批准。

第三十三条　预备党员转正的手续是：本人向党支部提出书面转正申请；党小组提出意见；党支部征求党员和群众的意见；支部委员会审查；支部大会讨论、表决通过；报上级党委审批。

讨论预备党员转正的支部大会，对到会人数、赞成人数等要求与讨论接收预备党员的支部大会相同。

第三十四条　党委对党支部上报的预备党员转正的决议，应当在三个月

内审批。审批结果应当及时通知党支部。党支部书记应当同本人谈话，并将审批结果在党员大会上宣布。

党员的党龄，从预备期满转为正式党员之日算起。

第三十五条　预备期未满的预备党员工作、学习所在单位（居住地）发生变动，应当及时报告原所在党组织。原所在党组织应当及时将对其培养教育和考察的情况，认真负责地介绍给接收预备党员的党组织。

党组织应当对转入的预备党员的入党材料进行严格审查，对无法认定的预备党员，报县级以上党委组织部门批准，不予承认。

第三十六条　基层党组织对转入的预备党员，在其预备期满时，如认为有必要，可推迟讨论其转正问题，推迟时间不超过六个月。转为正式党员的，其转正时间自预备期满之日算起。

第三十七条　预备党员转正后，党支部应当及时将其《中国共产党入党志愿书》、入党申请书、政治审查材料、转正申请书和培养教育考察材料，交党委存入本人人事档案。无人事档案的，建立党员档案，由所在党委或县级党委组织部门保存。

第六章　发展党员工作的领导和纪律

第三十八条　各级党委应当把发展党员工作列入重要议事日程，纳入党建工作责任制，作为党建工作述职、评议、考核和党务公开的重要内容。

对发展党员工作情况，市（地、州、盟）、县（市、区、旗）党委每半年检查一次，省、自治区、直辖市党委每年检查一次。检查结果及时上报，并向下通报。

重视从青年工人、农民、知识分子中发展党员，优化党员队伍结构。对具备发展党员条件但长期不做发展党员工作的基层党组织，上级党委应当加强指导和督促检查，必要时对其进行组织整顿。

第三十九条　各级党委组织部门每年应当向同级党委和上级党委组织部门报告发展党员工作情况和发展党员工作计划，如实反映带有倾向性的问题和对违反规定发展党员的查处情况。

第四十条　县以上党委及其组织部门应当重视对组织员的选拔、配备和培训，充分发挥他们在发展党员工作中的作用。

第四十一条　各级党组织对发展党员工作中出现的违纪违规问题和不正之风，应当严肃查处。对不坚持标准、不履行程序、超过审批时限和培养考察失职、审查把关不严的党组织及其负责人、直接责任人应当进行批评教育，情节严重的给予纪律处分。典型案例应当及时通报，对违反规定吸收入党的，一律不予承认，并在支部大会上公布。

对采取弄虚作假或其他手段把不符合党员条件的人发展为党员，或为非党员出具党员身份证明的，应当依纪依法严肃处理。

第四十二条　《中国共产党入党志愿书》的式样由中央组织部负责制定，省级党委组织部门按照式样统一印制，并严格管理。

第七章　附　则

第四十三条　本细则由中央组织部负责解释。

第四十四条　本细则自发布之日起施行。《中国共产党发展党员工作细则（试行）》（中组发〔1990〕3号）同时废止。

中国共产党党员教育管理工作条例

（中共中央2019年5月6日印发）

第一章　总　则

第一条　为了深入学习贯彻习近平新时代中国特色社会主义思想，加强党员教育管理工作，提高党员队伍建设质量，保持党员队伍的先进性和纯洁性，根据《中国共产党章程》和有关党内法规，制定本条例。

第二条　党员教育管理是党的建设基础性经常性工作。党组织应当加强党员教育管理，引导党员坚定共产主义远大理想和中国特色社会主义共同理想，增强"四个意识"、坚定"四个自信"、做到"两个维护"，增强党性，提高素质，认真履行义务，正确行使权利，充分发挥先锋模范作用。

第三条　党员教育管理工作以马克思列宁主义、毛泽东思想、邓小平理论、"三个代表"重要思想、科学发展观、习近平新时代中国特色社会主义思想为指导，落实新时代党的建设总要求和新时代党的组织路线，坚持教育、管理、监督、服务相结合，推进"两学一做"学习教育常态化制度化，不断增强党员教育管理针对性和有效性，努力建设政治合格、执行纪律合格、品德合格、发挥作用合格的党员队伍。

第四条　党员教育管理工作遵循以下原则：

（一）坚持党要管党、全面从严治党，将严的要求落实到党员教育管理工作全过程和各方面，党员领导干部带头接受教育管理；

（二）坚持以党的政治建设为统领，突出党性教育和政治理论教育，引导党员遵守党章党规党纪，不忘初心、牢记使命；

（三）坚持围绕中心、服务大局，注重党员教育管理质量和实效，保证党的理论和路线方针政策、党中央决策部署贯彻落实；

（四）坚持从实际出发，加强分类指导，尊重党员主体地位，充分发挥党支部直接教育、管理、监督党员作用。

第二章　学习贯彻习近平新时代中国特色社会主义思想

第五条　把用习近平新时代中国特色社会主义思想武装全党作为党员教育管理的首要政治任务，引导党员充分认识学习贯彻习近平新时代中国特色社会主义思想的重大意义，自觉学懂弄通做实。

第六条　组织党员读原著、学原文、悟原理，深入学习领会习近平新时代中国特色社会主义思想的核心要义、基本精神、实践要求，掌握贯穿其中的马克思主义立场观点方法，增强政治自觉、理论自信、情感融入。建立以学习贯彻习近平新时代中国特色社会主义思想为中心内容的党员教育教材体系。

教育引导党员把学习习近平新时代中国特色社会主义思想同学习马克思列宁主义、毛泽东思想、邓小平理论、"三个代表"重要思想、科学发展观紧密结合起来，不断提高马克思主义思想觉悟和理论水平。

第七条 坚持集中教育和经常性教育相结合，组织培训和个人自学相结合，采取集中轮训、党委（党组）理论学习中心组学习、理论宣讲、组织生活、在线学习培训等方式，形成习近平新时代中国特色社会主义思想学习教育长效机制，推动党员学深悟透、入脑入心。

第八条 弘扬理论联系实际的马克思主义学风，引导党员把自己摆进去、把职责摆进去、把工作摆进去，学以致用、知行合一，提高政治站位，强化责任担当，增强过硬本领，做好本职工作，自觉做习近平新时代中国特色社会主义思想坚定信仰者和忠实实践者。

党员领导干部应当坚持更高标准、更严要求，全面学、系统学、贯通学、深入学、跟进学，自觉用以武装头脑、指导实践、推动工作，发挥示范带动作用。

第三章 党员教育基本任务

第九条 加强政治理论教育，突出党的创新理论学习，组织党员学习党的基本理论、基本路线、基本方略，学习马克思主义基本原理和党的基本知识，引导党员坚定理想信念，增强党性修养，努力掌握并自觉运用马克思主义立场观点方法。

第十条 突出政治教育和政治训练，严格党内政治生活锻炼，教育党员旗帜鲜明讲政治，提高政治觉悟和政治能力，严守政治纪律和政治规矩，永葆共产党人政治本色，做到"四个服从"，在思想上政治上行动上同以习近平同志为核心的党中央保持高度一致。

第十一条 强化党章党规党纪教育，引导党员牢记入党誓词，坚持合格党员标准，自觉遵守党的纪律，带头践行社会主义核心价值观，培养高尚道德情操，培育良好思想作风、学风、工作作风、生活作风和家风。加强宪法法律法规教育，引导党员尊法学法守法用法。

第十二条 加强党的宗旨教育，引导党员践行全心全意为人民服务的根本宗旨，贯彻党的群众路线，提高群众工作本领，密切联系服务群众。

第十三条　进行革命传统教育，引导党员学习党史、国史、改革开放史、社会主义发展史和中华优秀传统文化，铭记党的奋斗历程，弘扬党的优良传统，传承红色基因，践行共产党人价值观，激发爱国主义热情。

第十四条　开展形势政策教育，围绕贯彻执行党和国家重大决策、推进落实重大任务，宣讲党的路线方针政策，解读世情国情党情，回应党员关注的问题，引导党员正确认识形势，把思想和行动统一到党中央要求上来。

第十五条　注重知识技能教育，根据党员岗位职责要求和工作需要，组织引导党员学习掌握业务知识、科技知识、实用技术等，帮助党员提高综合素质和履职能力，增强服务本领。

第四章　党员日常教育管理主要方式

第十六条　党支部应当运用"三会一课"制度，对党员进行经常性的教育管理。党员应当按期参加党员大会、党小组会和上党课，进行学习交流，汇报思想、工作等情况。党员领导干部应当参加双重组织生活。

党支部应当每月开展 1 次主题党日，贴近党员思想和工作实际，组织党员集中学习、过组织生活、进行民主议事和开展志愿服务等。

党员应当按期交纳党费。党组织应当做好党费收缴、使用和管理工作。

第十七条　党支部每年至少召开 1 次组织生活会，也可以根据工作需要随时召开，一般以党员大会、党支部委员会会议或者党小组会形式进行。

第十八条　党支部一般每年开展 1 次民主评议党员。党支部召开党员大会，按照个人自评、党员互评、民主测评的程序，组织党员进行评议。党支部委员会会议或者党员大会根据评议情况和党员日常表现情况，提出评定意见。

民主评议党员可以结合组织生活会一并进行。

第十九条　基层党组织应当注重分析党员思想状况和心理状态，党组织负责人应当经常同党员谈心谈话，有针对性地做好思想政治工作。

第二十条　市、县党委或者基层党委每年应当组织党员集中轮训，主要依托县级党校（行政学校）、基层党校等进行。根据事业发展和党的建设重点任务，结合本地区本部门本单位中心工作和党员实际，确定培训内容和方式。党员每年集中学习培训时间一般不少于 32 学时。

第二十一条　党组织应当按照党中央部署要求，组织党员认真参加党内集中学习教育，引导党员围绕学习教育主题，深入学习党的创新理论，查找解决自身存在的突出问题。

省级党委、行业系统党组织可以根据党员思想状况和党的建设需要，适时开展专题学习教育。

第二十二条　党组织应当充分发挥党员的先锋模范作用，结合不同群体党员实际，通过树立、学习身边的榜样，设立党员示范岗、党员责任区，开展设岗定责、承诺践诺等，引导党员做好本职工作，干在实处、走在前列，创先争优，在联系服务群众、完成重大任务中勇于担当作为，做到平常时候看得出来、关键时刻站得出来、危急关头豁得出来。

鼓励和引导党员参与志愿服务。党员应当积极参加党组织开展的志愿服务活动，也可以自行开展志愿服务活动。

第二十三条　党组织应当坚持从严教育管理和热情关心爱护相统一，从政治、思想、工作、生活上激励关怀帮扶党员。

针对老党员的身体、居住和家庭等实际情况，采取灵活方式，进行教育管理服务，组织他们参加党的组织生活，发挥力所能及的作用。对年老体弱、行动不便、身患重病甚至失能的党员，组织活动和开展学习教育不作硬性要求，党组织通过送学上门、走访慰问等方式，给予更多关心照顾。

第五章　党籍和党员组织关系管理

第二十四条　经党支部党员大会通过、基层党委审批接收的预备党员，自通过之日起，即取得党籍。

对因私出国并在国外长期定居的党员，出国学习研究超过 5 年仍未返回的党员，一般予以停止党籍。停止党籍的决定由保留其组织关系的党组织按照有关规定作出。

对与党组织失去联系 6 个月以上、通过各种方式查找仍然没有取得联系的党员，予以停止党籍。停止党籍的决定由所在党支部或者上级党组织按照有关规定作出。停止党籍2年后确实无法取得联系的，按照自行脱党予以除名。

对停止党籍的党员，符合条件的，可以按照规定程序恢复党籍。对劝其退党、劝而不退除名、自行脱党除名、退党除名、开除党籍的，原则上不能恢复党籍，符合条件的可以重新入党。

第二十五条　党员组织关系是指党员对党的基层组织的隶属关系。

每个党员都必须编入党的一个支部、小组或者其他特定组织。有固定工作单位并且单位已经建立党组织的党员，一般编入其所在单位党组织。没有固定工作单位，或者单位未建立党组织的党员，一般编入其经常居住地或者公共就业和人才服务机构、园区、楼宇等党组织。

党员工作单位、经常居住地发生变动的，或者外出学习、工作、生活6个月以上并且地点相对固定的，应当转移组织关系。具有审批预备党员权限的基层党委，可以在全国范围直接相互转移和接收党员组织关系。党组织接收党员组织关系时，如有必要，可以采取适当方式查核党员档案。对组织关系转出但尚未被接收的党员，原所在党组织仍然负有管理责任。党组织不得无故拒转拒接党员组织关系。

第二十六条　对没有人事档案的党员，应当由具有审批预备党员权限的基层党委建立党员档案，由所在党委或者县级以上党委组织部门保存。

有条件的地方，实行党员档案电子化管理。

第六章　党员监督和组织处置

第二十七条　党组织应当通过严格组织生活、听取群众意见、检查党员工作等多种方式，监督党员遵守党章党规党纪特别是政治纪律和政治规矩情况，遵守宪法法律法规和道德规范情况，参加组织生活情况，履行党员义务、联系服务群众、发挥先锋模范作用情况等。

第二十八条　发现党员有思想、工作、生活、作风和纪律方面苗头性倾向性问题的，以及群众对其有不良反映的，党组织负责人应当及时进行提醒谈话，抓早抓小、防微杜渐。

第二十九条 对党员不按照规定参加党的组织生活、不按时交纳党费、流动到外地工作生活不与党组织主动保持联系的，以及存在其他与党的要求不相符合的行为、情节较轻的，党组织应当采取适当方式及时进行批评教育，帮助其改进提高。

第三十条 对缺乏革命意志，不履行党员义务，不符合党员条件，但本人能够正确认识错误、愿意接受教育管理并且决心改正的党员，党组织应当作出限期改正处置，限期改正时间不超过1年。对给予限期改正处置的党员应当采取帮助教育措施。

第三十一条 党员具有下列情形之一的，按照规定程序给予除名处置：

（一）理想信念缺失，政治立场动摇，已经丧失党员条件的，予以除名；

（二）信仰宗教，经党组织帮助教育仍没有转变的，劝其退党，劝而不退的予以除名；

（三）因思想蜕化提出退党，经教育后仍然坚持退党的，予以除名；

（四）为了达到个人目的以退党相要挟，经教育不改的，劝其退党，劝而不退的予以除名；

（五）限期改正期满后仍无转变的，劝其退党，劝而不退的予以除名；

（六）没有正当理由，连续6个月不参加党的组织生活，或者不交纳党费，或者不做党所分配的工作，按照自行脱党予以除名。

对违犯党纪的党员，按照《中国共产党纪律处分条例》规定给予党纪处分。

第七章 流动党员管理

第三十二条 基层党组织应当加强流动党员管理，对外出6个月以上并且没有转移组织关系的流动党员，应当保持经常联系，跟进做好教育培训、管理服务等工作。在流动党员相对集中的地方，流出地党组织可以依托园区、商会、行业协会、驻外地办事机构等成立流动党员党组织。

流入地党组织应当协助做好流动党员日常管理。按照组织关系一方隶属、参加多重组织生活的方式，组织流动党员就近就便参加组织生活。乡镇、街道、村、社区、园区等党群服务中心应当向流动党员开放。流动党员可以在流入地党组织或者流动党员党组织参加民主评议。

对具备转移组织关系条件的流动党员，流出地和流入地党组织应当衔接做好转接工作。

第三十三条　农村党支部应当明确专人负责同流动党员保持联系。乡镇党委应当掌握流动党员基本情况，指导督促党支部加强日常教育管理。利用流动党员集中返乡等时机，组织其参加组织生活或者教育培训。对政治素质较好、有致富带富能力的流动党员，应当及时纳入村后备力量培养。

城市社区党组织对异地居住的流动党员，引导其向居住地党组织报到，自觉参加居住地党组织的活动，接受党组织管理。对在异地定居的党员，引导和帮助其及时转移组织关系。

公共就业和人才服务机构党组织应当建立健全流动人才党员党组织，理顺流动人才党员组织关系，加强和改进流动人才党员日常教育管理。

第三十四条　高校党组织对组织关系保留在学校的高校毕业生流动党员，应当继续履行管理职责。党员组织关系保留时间一般不超过 2 年，对符合转出组织关系条件的及时转出。

对出国（境）学习研究党员，由原就读高校或者工作单位党组织保留其组织关系，每半年至少与其联系 1 次。出国（境）学习研究党员返回后按照规定恢复组织生活。

第八章　党员教育管理信息化

第三十五条　适应时代发展要求，充分运用互联网技术和信息化手段，改进党员教育管理工作，推进基层党建传统优势与信息技术深度融合，不断提高党员教育管理现代化水平。

第三十六条　统筹规划、整合资源，健全党员信息库，加强全国党员管理信息系统建设，推动党员干部现代远程教育和党员电化教育创新发展，推进党员教育管理网站、移动客户端等平台一体化建设，建立党性教育基地网上平台，打造党务、政务、服务有机融合的网络阵地。

第三十七条　坚持网上和网下相结合，依托党员教育管理信息化平台，开展党员信息管理、党组织活动指导管理、流动党员管理服务、发展党员管理和党费管理等业务应用，为党员提供在线学习培训、转接组织关系、参与党内事务和关怀帮扶等服务。

注重利用信息数据，对党员队伍状况和党员教育管理工作进行实时分析研判，及时发现问题，不断改进工作。

第三十八条　党员应当主动学网用网，依托各类党员教育管理信息化平台，积极参加在线学习培训，认真参加党组织的活动，自觉接受党组织的教育管理。通过网络向群众宣传党的理论和路线方针政策，听取群众意见，联系服务群众。

党组织应当教育引导党员严格规范网络行为，敢于同网上错误言论作斗争，不得制作、发布、传播违反党的纪律规定和国家法律法规的信息内容。

第九章　组织领导和工作保障

第三十九条　在党中央领导下，由中央组织部牵头，中央纪委国家监委机关、中央宣传部、中央党校（国家行政学院）、中央和国家机关工委、教育部党组、国务院国资委党委等参加，建立全国党员教育管理工作协调小组，负责全国党员教育管理工作的规划部署、组织协调和检查指导，协调小组办公室设在中央组织部。省、自治区、直辖市党委应当建立党员教育管理工作协调机构。建立健全党员教育管理工作协调机构运行机制，充分发挥职能作用。

中央组织部主要负责党员教育管理工作统筹协调，抓好党员集中教育和经常性教育的组织安排，加强对党员教育管理工作的具体指导。

中央纪委国家监委机关主要负责党员纪律作风教育，指导开展党员监督，查处党员违犯党的纪律和职务违法、职务犯罪行为。

中央宣传部主要负责党员政治理论教育、形势政策教育，指导协调编写党员教育教材，组织党员先进典型的学习宣传。

中央党校（国家行政学院）主要负责党员领导干部培训，指导地方党校（行政学院）将党员教育培训列入教学计划，保证课时和教学质量。

中央和国家机关工委主要负责指导中央和国家机关各级党组织做好党员教育管理工作。

教育部党组主要负责宏观指导高等学校党员教育管理工作。

国务院国资委党委主要负责所监管企业党员教育管理工作。

地方各级党委组织部和纪检监察机关、党委宣传部、党校（行政学院）、机关工委、教育工委、国资委党委等，分别按照职能职责，承担党员教育管理工作任务。

第四十条　地方各级党委和部门单位党组（党委）领导本地区本部门本单位党员教育管理工作，贯彻执行党中央关于党员教育管理工作的方针政策和部署要求，定期研究党员教育管理工作，分析党员队伍状况，有针对性地提出工作措施。

基层党委履行抓党员教育管理的基本职责，推动落实上级党组织工作安排，组织做好党员集中培训、组织关系管理、表彰激励、关怀帮扶、组织处置、纪律处分等工作，指导所辖党支部做好党员日常教育管理工作。党支部按照党章和党内有关规定，履行相关工作职责。党小组应当落实党支部关于党员教育管理工作的要求和任务。

第四十一条　乡镇、街道、国有企业、高等学校等基层党委，按照规定配备一定数量的专兼职组织员，由县级以上党委组织部门进行业务指导和管理，承担指导督促发展党员和党员教育管理等工作。

实行党员教育讲师聘任制，县级以上党委从优秀党校教师、基层党组织书记、先进模范人物、党务工作者、专家学者、实用技术人才、离退休干部等人员中选聘党员教育讲师。

加强县级党校（行政学校）和基层党校建设。县级党校（行政学校）应当将党员集中培训作为重要任务。有计划地组织安排党员教育讲师到基层授课。注重发挥党群服务中心、党员干部教育培训基地、新时代文明实践中心的作用。

加强全国党员教育培训教材建设规划，组织编写全国党员教育基本教材。各地区各部门各单位可以结合实际，开发各具特色、务实管用的党员教育教材。

第四十二条 党员教育管理工作经费应当列入地方各级财政预算，结合实际按照党员数量划拨，重点保障农村、社区、非公有制经济组织和社会组织、公共就业和人才服务机构等基层党组织开展党员教育管理，形成稳定的经费保障机制。各级党委留存的党费主要用于教育培训党员、支持基层党组织开展组织生活。加强对革命老区、民族地区、边疆地区、贫困地区党员教育管理工作经费支持。

第四十三条 各级党委各党组应当加强对党员教育管理工作的检查考核。基层党委每年把党员教育管理工作情况作为向上级党组织报告工作的重要内容。在基层党建工作述职评议考核中，对党组织负责人抓党员教育管理工作情况作出评价。上级党组织在开展年度考核和任期考核中，应当考核检查下级党组织党员教育管理工作情况。

对在党员教育管理工作中失职失责的，按照有关规定予以问责追责。

第十章 附 则

第四十四条 中国人民解放军和中国人民武装警察部队党员教育管理工作规定，由中央军事委员会根据本条例制定。

第四十五条 本条例由中央组织部负责解释。

第四十六条 本条例自 2019 年 5 月 6 日起施行。

中国共产党普通高等学校基层组织工作条例

（2009 年 11 月 5 日中共中央政治局常委会会议审议批准 2010 年 8 月 13 日中共中央发布 2021 年 2 月 26 日中共中央政治局会议修订 2021 年 4 月 16 日中共中央发布）

第一章 总 则

第一条 为了深入贯彻习近平新时代中国特色社会主义思想，贯彻落实新时代党的建设总要求和新时代党的组织路线，坚持和加强党对普通高等学校（以下简称高校）的全面领导，加强和改进高校党的建设，扎根中国大地办好中国特色社会主义大学，根据《中国共产党章程》和有关法律，制定本条例。

第二条 高校党组织必须高举中国特色社会主义伟大旗帜，以马克思列宁主义、毛泽东思想、邓小平理论、"三个代表"重要思想、科学发展观、习近平新时代中国特色社会主义思想为指导，增强"四个意识"、坚定"四个自信"、做到"两个维护"，全面贯彻党的基本理论、基本路线、基本方略，全面贯彻党的教育方针，坚持教育为人民服务、为中国共产党治国理政服务、为巩固和发展中国特色社会主义制度服务、为改革开放和社会主义现代化建设服务，坚守为党育人、为国育才，培养德智体美劳全面发展的社会主义建设者和接班人。

第三条 高校实行党委领导下的校长负责制。高校党的委员会（以下简称高校党委）全面领导学校工作，支持校长按照《中华人民共和国高等教育法》的规定积极主动、独立负责地开展工作，保证教学、科研、行政管理等各项任务的完成。

高校党委实行民主集中制，健全集体领导和个人分工负责相结合的制度。凡属重大问题都应当按照集体领导、民主集中、个别酝酿、会议决定的原则，由党委集体讨论，作出决定；党委成员应当根据集体的决定和分工，切实履行职责。

第四条 高校党组织工作应当遵循以下原则：

（一）坚持党管办学方向、党管干部、党管人才、党管意识形态，领导改革发展，把党的领导落实到高校办学治校全过程各方面，确保党的教育方针和党中央决策部署得到贯彻落实；

（二）坚持全面从严治党，以党的政治建设为统领，把政治标准和政治要求贯穿党的思想建设、组织建设、作风建设、纪律建设以及制度建设、反腐败斗争始终；

（三）坚持高校党的建设与人才培养、科学研究、社会服务、文化传承创新、国际交流合作等深度融合，为高校改革发展稳定、完成党和国家重大战略任务提供思想保证、政治保证、组织保证；

（四）坚持把思想政治工作作为开展高校党的建设的重要抓手，把立德树人成效作为检验高校党的建设工作的根本标准；

（五）坚持抓基层强基础，健全高校党的组织体系、制度体系和工作机制，全面增强高校基层党组织生机活力。

第二章 组织设置

第五条 高校党委由党员大会或者党员代表大会选举产生，每届任期5年。党委对党员大会或者党员代表大会负责并报告工作。

党员代表大会代表实行任期制。

第六条 规模较大、党员人数较多的高校，根据工作需要，经上级党组织批准，党委可以设立常务委员会（以下简称常委会）。常委会由党委全体会议选举产生，对党委负责并定期报告工作。设立常委会的党委每半年至少召开1次委员会全体会议，遇有重要情况可以随时召开。

设立常委会的高校党委，一般设党委委员15至31人，常委会委员7至11人；不设常委会的，一般设委员7至11人。根据学校实际，经上级党组织批准，可以适当增减常委会委员或者不设常委会的委员职数。

第七条 高校院（系）级单位根据工作需要和党员人数，经学校党委批准，设立党的基层委员会、总支部委员会、支部委员会。党的基层委员会由党员大会或者党员代表大会选举产生，党的总支部委员会、支部委员会由党员大会选举产生。院（系）党组织每届任期一般为5年。

第八条 有正式党员7人以上的党支部，应当设立党支部委员会；正式党员不足7人的党支部，设1名书记，必要时可以设1名副书记，由党支部党员大会选举产生。党支部委员会和不设支部委员会的支部书记、副书记每届任期一般为3年。

第九条 高校院（系）级以下单位设立党支部，应当与教学、科研、管理、服务等机构相对应。教师党支部一般按照院（系）内设的教学、科研机构设置，学生党支部一般按照年级班级或者学科专业设置。可以依托重大项目组、科研平台或者学生社区等设置师生党支部，注重在本专科低年级建立党的组织、开展党的工作。管理、后勤等部门的党支部一般按照部门设置。将离退休教职工党员编入党的组织，开展党的活动。

注重选拔党性强、业务精、有威信、肯奉献的党员学术带头人担任教师党支部书记。注重从优秀辅导员、骨干教师、优秀学生党员中选拔学生党支部书记。管理、后勤等部门党支部书记一般由本部门主要负责人担任。

第三章　主要职责

第十条　高校党委承担管党治党、办学治校主体责任，把方向、管大局、作决策、抓班子、带队伍、保落实。主要职责是：

（一）宣传和执行党的路线方针政策，宣传和执行党中央以及上级党组织和本组织的决议，坚持社会主义办学方向，依法治校，依靠全校师生员工推动学校科学发展，培养德智体美劳全面发展的社会主义建设者和接班人。

（二）坚持马克思主义指导地位，组织党员认真学习马克思列宁主义、毛泽东思想、邓小平理论、"三个代表"重要思想、科学发展观、习近平新时代中国特色社会主义思想，学习党的路线方针政策和决议，学习党的基本知识，学习业务知识和科学、历史、文化、法律等各方面知识。

（三）审议确定学校基本管理制度，讨论决定学校改革发展稳定以及教学、科研、行政管理中的重大事项。

（四）讨论决定学校内部组织机构的设置及其负责人的人选。按照干部管理权限，负责干部的教育、培训、选拔、考核和监督。加强领导班子建设、干部队伍建设和人才队伍建设。

（五）按照党要管党、全面从严治党要求，加强学校党组织建设。落实基层党建工作责任制，发挥学校基层党组织战斗堡垒作用和党员先锋模范作用。

（六）履行学校党风廉政建设主体责任，领导、支持内设纪检组织履行监督执纪问责职责，接受同级纪检组织和上级纪委监委及其派驻纪检监察机构的监督。

（七）领导学校思想政治工作和德育工作，落实意识形态工作责任制，维护学校安全稳定，促进和谐校园建设。

（八）领导学校群团组织、学术组织和教职工代表大会。

（九）做好统一战线工作。对学校内民主党派的基层组织实行政治领导，支持其依照各自章程开展活动。支持无党派人士等统一战线成员参加统一战线相关活动，发挥积极作用。加强党外知识分子工作和党外代表人士队伍建设。加强民族和宗教工作，深入开展铸牢中华民族共同体意识教育，坚决防范和抵御各类非法传教、渗透活动。

第十一条 高校院（系）级单位党组织应当强化政治功能，履行政治责任，保证教学科研管理等各项任务完成，支持本单位行政领导班子和负责人开展工作，健全集体领导、党政分工合作、协调运行的工作机制。主要职责是：

（一）宣传和执行党的路线方针政策以及上级党组织的决议，并为其贯彻落实发挥保证监督作用。

（二）通过党政联席会议，讨论和决定本单位重要事项。召开党组织会议研究决定干部任用、党员队伍建设等党的建设工作。涉及办学方向、教师队伍建设、师生员工切身利益等事项的，应当经党组织研究讨论后，再提交党政联席会议决定。

（三）加强党组织自身建设，建立健全党支部书记工作例会等制度，具体指导党支部开展工作。

（四）领导本单位思想政治工作，加强师德师风建设，落实意识形态工作责任制。把好教师引进、课程建设、教材选用、学术活动等重要工作的政治关。

（五）做好本单位党员、干部的教育管理工作，做好人才的教育引导和联系服务工作。

（六）领导本单位群团组织、学术组织和教职工代表大会。做好统一战线工作。

第十二条 教职工党支部围绕本单位改革发展稳定等开展工作，落实立德树人根本任务，发挥教育管理监督党员和组织宣传凝聚服务师生员工的作用。主要职责是：

（一）宣传和执行党的路线方针政策以及上级党组织的决议，团结师生员工，在完成教学科研管理任务中发挥党员先锋模范作用；

（二）参与本单位重大问题决策，支持本单位行政负责人开展工作，对教职工职称评定、岗位（职员等级）晋升、考核评价等进行政治把关；

（三）做好党员教育、管理、监督和服务工作，定期召开组织生活会，开展批评和自我批评；

（四）培养教育入党积极分子，做好发展党员工作；

（五）加强师德师风建设，有针对性地做好思想政治工作；

（六）密切联系群众，经常听取师生员工意见和诉求，维护他们的正当权利和利益。

第十三条 学生党支部应当加强思想政治引领，筑牢学生理想信念根基，引导学生刻苦学习、全面发展、健康成长。主要职责是：

（一）宣传和执行党的路线方针政策以及上级党组织的决议。

（二）加强对学生党员的教育、管理、监督和服务，定期召开组织生活会，开展批评和自我批评。发挥学生党员先锋模范作用，影响、带动广大学生明确学习目的，完成学习任务。

（三）组织学生党员参与学生事务管理，维护学校稳定。支持、指导和帮助团支部、班委会以及学生社团根据学生特点开展工作，充分发挥保留团籍的学生党员的带动作用。

（四）培养教育学生中的入党积极分子，按照标准和程序发展学生党员。

（五）根据学生特点，有针对性地做好思想政治教育工作。

第四章 党的纪律检查工作

第十四条 高校设立党的基层纪律检查委员会（以下简称高校纪委）。高校纪委由党员大会或者党员代表大会选举产生，在同级党委和上级纪委双重领导下进行工作。上级纪委在监督检查、纪律审查等方面强化对高校纪委的领导。

实行向高校派驻纪检监察机构的，派驻纪检监察机构根据授权履行纪检、监察职责，代表上级纪委监委对高校党委进行监督。

第十五条 高校纪委设立专门工作机构，配备必要的工作人员。

高校党委视具体情况在院（系）级单位党委设立纪委或者纪律检查委员。党的总支部委员会和支部委员会设纪律检查委员。

第十六条 高校纪委是高校党内监督专责机关，履行监督执纪问责职责。主要任务是：

（一）维护党章和其他党内法规，检查党的路线方针政策和决议的执行情况，协助高校党委推进全面从严治党、加强党风建设和组织协调反腐败工作。

（二）经常对党员进行遵守纪律的教育，作出关于维护党纪的决定。

（三）对党的组织和党员领导干部履行职责、行使权力进行监督，受理处置党员群众检举举报，开展谈话提醒、约谈函询。

（四）检查和处理党的组织和党员违反党章和其他党内法规的比较重要或者复杂的案件，决定或者取消对这些案件中的党员的处分；进行问责或者提出责任追究的建议。

（五）受理党员的控告和申诉，保障党员权利不受侵犯。

高校纪委应当严格按照职责权限和工作程序处理违犯党纪的线索和案件，把处理特别重要或者复杂案件中的问题和处理结果，向同级党委和上级纪委报告。

第五章　党员队伍建设

第十七条 高校党组织应当构建多层次、多渠道的党员经常性学习教育体系，加强政治理论教育和党史教育，突出政治教育和政治训练，强化党章党规党纪教育、党的宗旨教育、革命传统教育、形势政策教育和知识技能教育，推进"两学一做"学习教育常态化制度化，建立和落实不忘初心、牢记使命的制度。

第十八条 严格党的组织生活，坚持开展批评和自我批评，提高"三会一课"质量，开好民主生活会和组织生活会，健全落实谈心谈话、民主评议党员、主题党日等制度，确保党的组织生活经常、认真、严肃。

第十九条　强化党员日常管理，及时转接党员组织关系，督促党员按期足额交纳党费。加强流动党员管理和服务，做好毕业生党员、出国（境）学习研究党员组织关系和党籍管理工作。关心党员思想、学习、工作和生活，健全党内关怀、帮扶长效机制。搭建党员发挥先锋模范作用平台，健全党员联系和服务群众工作体系。妥善处置不合格党员，严格执行党的纪律。

第二十条　尊重党员主体地位，发扬党内民主，保障党员权利，推进党务公开。高校党组织讨论决定重要事项前，应当充分听取党员的意见，党内重要情况及时向党员通报。

第二十一条　按照坚持标准、保证质量、改善结构、慎重发展的方针和有关规定，把政治标准放在首位，加强对入党积极分子的教育、培养和考察，加强在高层次人才、优秀青年教师和优秀学生中发展党员工作。建立党员领导干部和党员学术带头人直接联系培养教师入党积极分子制度。将团组织推优作为确定学生入党积极分子的重要渠道。建立从高中到大学、从大学到研究生阶段入党积极分子接续培养机制，加大在高校低年级学生中发展党员力度。

第二十二条　高校党委应当设立党校。党校的主要任务是培训党员、干部和入党积极分子。

第六章　干部和人才工作

第二十三条　高校党委应当坚持党管干部原则，按照干部管理权限对学校干部实行统一管理。选拔任用干部，必须突出政治标准，坚持德才兼备、以德为先，坚持五湖四海、任人唯贤，坚持事业为上、公道正派，坚持注重实绩、群众公认，努力实现干部队伍革命化、年轻化、知识化、专业化，建设忠诚干净担当的高素质专业化干部队伍。

选拔任用学校中层管理人员，由高校党委及其组织部门按照有关规定进行分析研判和动议、民主推荐、考察，充分听取有关方面意见，经高校党委

（常委会）集体讨论决定，按照规定程序办理。

第二十四条 高校院（系）级单位党组织在干部队伍建设中发挥主导作用，同本单位行政领导一起，做好本单位干部的教育、培训、选拔、考核和监督工作，以及学生辅导员、班主任的配备、管理工作。

对院（系）级单位行政领导班子的配备及其成员的选拔，本单位党组织可以向学校党委提出建议，并协助学校党委组织部门进行考察。

第二十五条 高校党委应当建立健全优秀年轻干部发现培养选拔制度，制定并落实年轻干部队伍建设规划，大胆选拔使用经过实践考验的优秀年轻干部。统筹做好女干部、少数民族干部和党外干部的培养选拔工作。

第二十六条 高校党委应当坚持党管人才原则，贯彻人才强国战略，实施更加积极、更加开放、更加有效的人才政策，健全人才培养、引进、使用、评价、流动、激励机制，大力弘扬科学家精神，营造潜心育人、潜心科研、激发创造活力的工作环境，用好用活党内和党外、国内和国外等各方面优秀人才，形成人才辈出、人尽其才的良好局面。加强对人才的政治引领和政治吸纳，健全党组织联系服务专家工作制度，不断提高各类人才的思想政治素质和业务素质。

第七章 思想政治工作

第二十七条 高校党委应当牢牢掌握党对学校意识形态工作的领导权，统一领导学校思想政治工作。发挥行政系统、群团组织、学术组织和广大教职工的作用，共同做好思想政治工作。

第二十八条 高校党组织应当把理想信念教育放在首位，对师生员工进行马克思列宁主义、毛泽东思想和中国特色社会主义理论体系的教育，推动习近平新时代中国特色社会主义思想进教材、进课堂、进头脑，做好党的基本路线教育，爱国主义、集体主义和社会主义思想教育，党史、新中国史、改革开放史、社会主义发展史教育，中华优秀传统文化、革命文化、社会主义先进文化教育，国情教育、形势政策教育、社会主义民主法治教育、国家安全教育和民族团结进步教育。把培育和践行社会主义核心价值观融入大学生思想政治教育工作和师德师风建设的全过程，帮助广大师生员工树立正确的世界观、人生观和价值观，坚定中国特色社会主义道路自信、理论自信、制度自信、文化自信。

第二十九条　高校党组织应当把立德树人作为根本任务，构建思想政治工作体系，加强意识形态阵地管理。充分发挥课堂教学的主渠道作用，办好思想政治理论课，推进课程思政建设，拓展新时代大学生思想政治教育的有效途径，形成全员全过程全方位育人的良好氛围和工作机制。

第三十条　思想政治工作应当坚持理论联系实际，定期分析师生员工的思想动态，坚持解决思想问题与解决实际问题相结合，注重人文关怀和心理疏导，区别不同层次，采取多种方式，推动思想政治工作传统优势和信息技术高度融合，增强思想政治工作的针对性、实效性。

第八章　对群团组织的领导

第三十一条　高校党委应当研究工会、共青团、妇女组织等群团组织和学生会（研究生会）、学术组织工作中的重大问题，加强学生社团管理，支持他们依照法律和各自章程开展工作。

第三十二条　高校党委领导教职工代表大会，支持教职工代表大会正确行使职权，在参与学校民主管理和民主监督、维护教职工合法权益等方面发挥积极作用。

第九章　领导和保障

第三十三条　各级党委及其有关部门、有关国家机关党组（党委）应当把高校基层党组织建设作为党建工作的重要内容，摆在突出位置，纳入整体部署，坚持属地管理原则，坚持管班子管业务与管党建管思想政治工作相结合，形成党委统一领导，教育工作领导小组牵头协调，纪检机关和组织、宣传、统战、教育工作等部门密切协作、齐抓共管的工作格局。

第三十四条　各级党委及其有关部门、有关国家机关党组（党委）应当合理设置负责高校党建工作的部门和机构，各级党委教育工作部门应当有内设机构具体承担高校党建工作职能，配齐配强工作人员。

高校党委根据工作需要，本着精干高效和有利于加强党建工作的原则，设立办公室、组织部、宣传部、统战部和教师工作、学生工作、保卫工作部门等机构。

第三十五条 按照社会主义政治家、教育家标准，选好配强高校党委书记、校长，把政治过硬、品行优良、业务精通、锐意进取、敢于担当的优秀干部选配到学校领导岗位。学校行政领导班子成员是党员的，一般应当进入党委常委会或者不设常委会的党委。纪委书记、组织部长、宣传部长、统战部长一般应当由党委常委或者不设常委会的党委委员担任。

高校应当按照专职为主、专兼结合、数量充足、素质优良的要求，将党务工作和思想政治工作队伍建设纳入学校人才队伍建设总体规划，完善选拔、培养、激励机制。专职党务工作人员和思想政治工作人员应当在编制内配足，总数不低于全校师生人数的1%，每个院（系）至少配备1至2名专职组织员。专职辅导员岗位按照师生比不低于1:200的比例设置，专职思想政治理论课教师岗位按照师生比不低于1:350的比例核定。完善保障机制，为学校党的建设和思想政治工作提供经费和物质支持。

第三十六条 高校党的建设和思想政治工作情况应当纳入巡视巡察，作为学校领导班子综合评价和领导人员选拔任用的重要依据，作为"双一流"建设等工作成效评估的重要内容。开展党组织书记抓基层党建述职评议考核工作，强化考核结果运用。对党的建设和思想政治工作重视不够、落实不力的，应当及时提醒、约谈；对出现严重问题的，按照有关规定严肃追责问责，督促抓好问题的整改落实。

第十章 附 则

第三十七条 本条例适用于国家举办的普通高等学校。

军队系统院校党组织的工作，按照中共中央、中央军事委员会有关规定执行。

第三十八条 本条例由中央组织部负责解释。

第三十九条　本条例自发布之日起施行。

中国共产党组织工作条例

（2021年4月30日中共中央政治局会议审议批准　2021年5月22日中共中央发布）

第一章　总　则

第一条　为了深入贯彻习近平新时代中国特色社会主义思想，贯彻落实新时代党的建设总要求和新时代党的组织路线，推进党的组织工作科学化制度化规范化，提高党的组织工作质量，根据《中国共产党章程》和有关法律，制定本条例。

第二条　党的组织工作是以党的组织体系建设、领导班子和干部队伍建设、人才队伍建设、党员队伍建设为主要内容的实践活动，是巩固党的执政基础、实现党的全面领导、完成党的全部工作的重要保证，是党领导人民不断夺取革命、建设、改革胜利的优良传统和独特优势。

第三条　党的组织工作坚持以马克思列宁主义、毛泽东思想、邓小平理论、"三个代表"重要思想、科学发展观、习近平新时代中国特色社会主义思想为指导，增强"四个意识"、坚定"四个自信"、做到"两个维护"，以加强党的长期执政能力建设、先进性和纯洁性建设为主线，以党的政治建设为统领，以组织体系建设为重点，着力培养忠诚干净担当的高素质干部，着力集聚爱国奉献的各方面优秀人才，充分发挥基层党组织战斗堡垒作用和党员先锋模范作用，为坚持和加强党的全面领导、坚持和发展中国特色社会主义提供坚强组织保证。

第四条　党的组织工作遵循以下原则：

（一）坚持党的全面领导；

（二）坚持组织路线服务政治路线；

（三）坚持民主集中制；

（四）坚持党的群众路线；

（五）坚持党管干部、党管人才；

（六）坚持德才兼备、以德为先、任人唯贤；

（七）坚持党的组织和党的工作全覆盖；

（八）坚持实事求是、公道正派；

（九）坚持依法依规、科学规范。

第二章　领导体制和职责

第五条　组织工作实行党中央集中统一领导，各级党委（党组）分级分类领导，组织部门专门负责，有关方面各司其职、密切配合的领导体制。

党中央以及地方党委设置组织部，各级党政机关、人民团体、国有企业和事业单位党组织设置组织工作机构或者专职工作岗位，专门负责组织工作。

中央组织部指导各级组织部门工作，上级组织部门指导下级组织部门工作。

第六条　党中央决定组织工作路线方针政策，制定组织工作重要党内法规和规范性文件，对组织工作重大战略、重大改革、重大举措、重大事项作出决策，全面领导党的组织体系建设、干部工作、人才工作，按照有关规定推荐、提名、任免干部。

党中央一般每 5 年召开 1 次全国组织工作会议，对一个时期的组织工作作出全面部署。

第七条　地方党委对本地区组织工作负主体责任。主要职责是：

（一）贯彻落实党的组织工作路线方针政策，执行党中央以及上级党组织关于组织工作的决策部署、指示要求，按照权限制定组织工作党内法规和规范性文件，研究部署本地区组织工作重大事项和重要工作；

（二）领导同级人大、政府、政协、监察机关、审判机关、检察机关、人民团体等党的组织工作，指导和督促检查下级党组织开展组织工作；

（三）领导本地区党的组织体系建设，加强基层党组织和党员队伍建设；

（四）按照干部管理权限任免和管理干部，向地方国家机关、政协组织、人民团体、国有企业和事业单位等推荐重要干部；

（五）贯彻人才强国战略，统筹协调有关方面共同参与和推动本地区人才工作；

（六）完成党中央以及上级党组织交办的其他任务。

党组对本单位组织工作的领导职责，按照有关规定执行。

第八条　中央组织部和地方党委组织部的主要职责是：

（一）在党中央以及本级党委领导下，具体负责落实党的组织工作路线方针政策和决策部署，按照权限和分工制定、起草组织工作党内法规和规范性文件，推进组织制度贯彻落实；

（二）研究组织工作重要理论和实践问题，提出完善制度机制的政策建议，为党中央以及本级党委决策提供参考；

（三）负责党的组织体系建设，加强基层党组织和党员队伍建设；

（四）负责干部工作和干部队伍的统一管理，按照干部管理权限和分工负责领导班子建设的有关具体工作；

（五）负责人才工作的指导协调和人才的联系服务；

（六）负责公务员工作的统一管理；

（七）负责离退休干部工作的统一管理；

（八）统一管理机构编制委员会办公室；

（九）完成党中央以及本级党委交办的其他任务。

第三章　党的组织体系建设

第九条　坚持马克思主义建党原则，健全维护党的集中统一的组织制度，完善上下贯通、执行有力的组织体系，实现党的组织和党的工作全覆盖，不断增强党的政治领导力、思想引领力、群众组织力、社会号召力。

第十条　按照党章规定建立健全党的各级各类组织，形成包括党的中央组织、地方组织、基层组织在内，涵盖党的纪律检查机关、党的工作机关、党组，纵向到底、横向到边的严密组织架构。

适应形势任务的发展变化，及时调整和优化党组织设置。为执行某项任务临时组建的机构，可以按照有关规定成立临时党组织。除另有规定外，一般按照属地管理原则，规范和理顺基层党组织隶属关系。

第十一条 党的中央委员会、中央政治局、中央政治局常务委员会是党的组织体系的大脑和中枢，在推进中国特色社会主义事业中把方向、谋大局、定政策、促改革。坚持和完善党的领导制度体系，健全党中央对重大工作的领导体制，完善推动党中央决策部署落实机制，严格执行向党中央请示报告制度。

第十二条 党的地方委员会在本地区发挥总揽全局、协调各方的领导作用，全面领导本地区经济社会发展，全面负责本地区党的建设，履行把方向、管大局、作决策、保落实职责。坚持和完善党的地方组织工作制度，健全议事决策和监督机制，增强整体功能，提高领导水平，把党的地方组织建设成为坚决听从党中央指挥、管理严格、监督有力、班子团结、风气纯正的坚强组织。

第十三条 党的基层组织是党在社会基层组织中的战斗堡垒，是党的全部工作和战斗力的基础。坚持大抓基层的鲜明导向，以提升组织力为重点，大力加强企业、农村、机关、学校、医院、科研院所、街道社区、社会组织等基层党组织建设，推进组织设置和活动方式创新，增强党组织政治功能，选优配强党组织带头人，把各领域党的基层组织建设成为宣传党的主张、贯彻党的决定、领导基层治理、团结动员群众、推动改革发展的坚强战斗堡垒。

党支部是党的基础组织，是党组织开展工作的基本单元。全面推进党支部标准化规范化建设，加强基础工作，完善基本制度，提升基本能力，落实基本保障，充分发挥党支部直接教育党员、管理党员、监督党员和组织群众、宣传群众、凝聚群众、服务群众的职责作用。党员人数较多或者党员工作地、居住地比较分散的党支部，应当按照便于组织开展活动原则，划分若干党小组。

第十四条 党组在本单位发挥领导作用，履行把方向、管大局、保落实职责。坚持和完善党组工作制度，健全工作规则和决策机制，坚持党建工作与业务工作同谋划、同部署、同推进、同考核，督促推动本单位领导班子依法依章程及时全面落实党组决策，确保党的理论和路线方针政策在本单位贯彻落实。

第十五条　围绕建设信念坚定、政治可靠、结构合理、素质优良、纪律严明、作用突出的党员队伍，做好发展党员和党员教育、管理、监督、服务工作。

发展党员应当按照控制总量、优化结构、提高质量、发挥作用的总要求，把政治标准放在首位，严格程序、严格把关，保证新发展党员质量。加强入党积极分子队伍建设，加强发展对象、预备党员的教育培养。

党员教育应当把学习贯彻习近平新时代中国特色社会主义思想作为首要政治任务，组织开展党内集中教育和党员经常性教育，坚持组织培训和个人自学相结合，引导党员不忘初心、牢记使命、不懈奋斗。

党员管理应当严格做好党籍管理、组织关系管理、党费收缴使用管理、日常监督、组织处置等工作，加强和改进流动党员管理。结合不同群体党员实际，组织引导党员充分发挥先锋模范作用。

加强党内激励关怀帮扶，保障党员民主权利，开展党内表彰，做好关爱服务党员工作。

第十六条　坚持民主集中制，完善发展党内民主和实行正确集中的相关制度。坚持党的代表大会制度，完善党内选举制度，落实党代表大会代表任期制和党的各级组织任期等制度。建立健全包括组织设置、组织生活、组织运行、组织管理、组织监督等在内的完整组织制度体系，完善党委（党组）落实全面从严治党主体责任的制度。

第十七条　严格执行《关于新形势下党内政治生活的若干准则》，坚持和完善民主生活会、组织生活会制度，健全"三会一课"、主题党日、谈心谈话、民主评议党员等制度，落实党员领导干部双重组织生活制度，发展积极健康的党内政治文化，确保党的组织生活经常、认真、严肃，不断增强政治性、时代性、原则性、战斗性，不断增强党自我净化、自我完善、自我革新、自我提高能力。

第十八条　各级党组织和全体党员必须坚决维护习近平总书记党中央的核心、全党的核心地位，坚决维护党中央权威和集中统一领导，坚持党员个人服从党的组织，少数服从多数，下级组织服从上级组织，全党各个组织和全体党员服从党的全国代表大会和中央委员会。落实全面从严治党战略部署，不断完善组织纪律各项要求，深入开展纪律教育，加强对组织纪律执行情况的监督检查，严肃查处违反组织纪律的行为，提高纪律的权威性和约束力，做到有令必行、有禁必止，执纪必严、违纪必究。

第四章　干部工作

第十九条　坚持党管干部原则，坚持德才兼备、以德为先，坚持五湖四海、任人唯贤，坚持好干部标准，坚持正确用人导向，统筹干部素质培养、知事识人、选拔任用、从严管理、正向激励体系建设，统筹领导班子和干部队伍建设，统筹党政机关、人民团体、国有企业和事业单位干部队伍建设，着力建设忠诚干净担当的高素质专业化干部队伍。

第二十条　干部工作实行党中央集中统一领导下分级分类管理的体制。党委（党组）及其组织部门应当加强对干部工作的统一管理。根据事权划分、行业领域属性特点、机构设置和业务管理体制以及队伍建设需要，合理确定干部管理职责、范围、权限、方式和程序，做好干部双重管理工作。

第二十一条　领导班子建设必须把党的政治建设摆在首位，坚持高标准严要求，坚持统筹谋划、整体推进，坚持分类指导、精准施策，严格执行民主集中制，深化理论武装，优化班子结构，增强整体功能，保持班子稳定，提高政治判断力、政治领悟力、政治执行力，努力把各级领导班子锻造成为忠实践行习近平新时代中国特色社会主义思想、坚定贯彻落实党中央决策部署的坚强领导集体。

第二十二条　建立健全源头培养、跟踪培养、全程培养的素质培养体系，突出政治素质，注重分类分级，加强思想淬炼、政治历练、实践锻炼、专业训练，把思想理论武装、理想信念教育、知识结构改善、能力素质提升贯穿干部成长全过程。注重在基层一线和困难艰苦地区培养锻炼干部，增强斗争精神，提高治理能力，使广大干部政治素养、理论水平、专业能力、实践本领跟上时代发展步伐。

第二十三条 建立健全日常考核、分类考核、近距离考核的知事识人体系，贯彻新发展理念，坚持正确政绩观，把区分优劣、奖优罚劣、激励担当、促进发展作为基本任务，优化考核内容和考核指标体系，完善考核方式方法，统筹开展平时考核、年度考核、专项考核、任期考核，全方位、多渠道了解干部，注意掌握干部在重大任务、重大斗争一线的表现。强化考核结果运用，把考核结果与干部选拔任用、教育培养、管理监督、激励约束、问责追责等结合起来，推动形成能者上、优者奖、庸者下、劣者汰的正确导向。

第二十四条 建立健全以德为先、任人唯贤、人事相宜的选拔任用体系，充分发挥党组织领导和把关作用，把政治标准放在首位，严把政治关、品行关、能力关、作风关、廉洁关，严格落实干部选拔任用的原则、条件、程序，严格执行干部任期、任职回避等制度，树立注重基层、注重实践、讲担当重担当的用人导向，提高干部考察质量，精准科学选人用人，切实把党和人民需要的好干部选出来用起来。加强干部选拔任用工作全程监督，营造风清气正的选人用人环境。

拓宽选人用人视野，推进地方与部门之间、地区之间、部门之间、党政机关与国有企业和事业单位以及其他社会组织之间的干部交流，综合运用援派、挂职等方式，加大对国家重大战略选派干部支持力度。

第二十五条 建立健全管思想、管工作、管作风、管纪律的从严管理体系，聚焦领导干部特别是党政正职，突出对干部做到"两个维护"、遵守党章党规党纪和宪法法律法规、执行党的路线方针政策、贯彻落实党中央决策部署、遵守党内政治生活准则等情况的政治监督。坚持抓早抓小抓经常，加强日常管理和对履职尽责、担当作为的监督，推动广大干部严格按照制度履行职责、行使权力、开展工作。

第二十六条 建立健全崇尚实干、带动担当、加油鼓劲的正向激励体系，坚持严管和厚爱结合、激励和约束并重，加强对敢担当善作为干部的激励保护，以正确用人导向引领干事创业导向。正确对待、合理使用被问责和受处分干部，完善被诬告干部澄清正名制度，健全表彰奖励制度，落实和完善干部工资、福利与保险制度，关心关爱干部身心健康，加大对基层干部特别是困难艰苦地区干部的政策倾斜力度，充分调动广大干部干事创业的积极性主动性创造性。

第二十七条　着眼党和国家事业长远发展需要，坚持拓宽来源、优化结构、改进方式、提高质量，从各条战线、各个领域、各个行业发现选拔优秀年轻干部，优化成长路径，建立上下联动、长期关注的干部常态化培养锻炼机制，完善适时使用、动态管理机制，健全促进优秀年轻干部脱颖而出的制度措施，推动年轻干部加强思想理论武装和基层实践锻炼、提高解决实际问题的能力。用好各年龄段干部，优化干部队伍梯次结构。统筹做好培养选拔女干部、少数民族干部和党外干部工作。

第二十八条　加强党对公务员队伍的集中统一领导，健全统一规范高效的公务员工作领导体制。贯彻落实《中华人民共和国公务员法》，完善中国特色公务员制度，健全职务与职级并行、录用交流、考核奖惩、培训监督等制度，构建规范完备的公务员管理法规体系，健全科学有效的公务员管理机制。坚持和完善公务员分类管理，提高管理效能和科学化水平。

第二十九条　严格执行干部退休制度，加强离退休干部思想政治建设和党组织建设，完善和创新离退休干部服务管理工作，组织引导离退休干部发挥作用。

第三十条　坚持和加强党对机构编制工作的集中统一领导，建立健全组织部门统一管理机构编制委员会办公室的工作制度，做好完善领导管理体制相关工作，统筹干部和机构编制资源，确保机构编制管理和干部管理有机衔接。

第五章　人才工作

第三十一条　坚持党管人才原则，确立人才引领发展的战略地位，遵循社会主义市场经济规律和人才成长规律，破除束缚人才发展的思想观念和体制机制障碍，构建科学规范、开放包容、运行高效的人才发展治理体系，全方位培养、引进、用好人才，着力集聚爱国奉献的各方面优秀人才，推进实施人才强国战略、创新驱动发展战略，为民族复兴伟业提供强大人才支撑。

第三十二条 各级党委（党组）应当加强对本地区本部门本单位人才工作的领导，形成党委统一领导，组织部门牵头抓总，有关部门各司其职、密切配合，用人单位发挥主体作用、社会力量广泛参与的党管人才工作格局。

党中央设立中央人才工作协调小组，对全国人才工作和人才队伍建设进行宏观指导、统筹协调、政策创新、重点推动、督促检查。中央人才工作协调小组下设办公室，负责处理中央人才工作协调小组日常工作。中央人才工作协调小组办公室设在中央组织部。

地方党委设立人才工作领导（协调）机构，统筹协调本地区人才工作和人才队伍建设。党委和政府所属系统内承担人才工作职能较多或者人才比较集中的职能部门，可以根据实际设立人才工作领导机构和办事机构。

第三十三条 紧紧围绕经济社会发展需求，聚焦重大发展战略，加强对人才队伍建设的宏观谋划，培养造就大批德才兼备的高素质人才。坚持高端引领、整体开发，组织实施重大人才工程，统筹推进各领域人才队伍建设。

第三十四条 树立全球视野和战略眼光，实行更加积极、更加开放、更加有效的人才政策，坚持以用为本，聚天下英才而用之。推进人才资源的优化配置，充分发挥市场的决定性作用和更好发挥政府作用，鼓励引导人才向艰苦边远地区和基层一线流动。

第三十五条 协调推进人才发展体制机制改革和政策创新，坚决破除唯论文、唯职称、唯学历、唯奖项，健全人才引进、培养、使用、评价、流动、激励机制，加快构建具有吸引力和国际竞争力的人才制度体系，向用人主体放权，为人才松绑，激发人才创新活力。

第三十六条 发挥党的政治优势、组织优势、密切联系群众优势，加强对各方面人才的政治引领和政治吸纳，引导广大人才矢志爱国奉献、勇于创新创造。坚持党委联系服务专家制度，完善领导干部直接联系服务人才工作机制，及时听取人才的意见建议，关心人才的工作生活。

第三十七条 树立强烈的人才意识，完善人才服务保障体系，加强对优秀人才和先进典型的宣传，营造尊重劳动、尊重知识、尊重人才、尊重创造的良好氛围，鼓励创新、宽容失败，开创人人皆可成才、人人尽展其才的生动局面。

第六章　保障和监督

第三十八条　各级党委（党组）应当切实加强对组织工作的领导，关心和支持组织部门履行职责、开展工作，合理配置机构编制，充实工作力量，提供必要的工作条件和经费保障，统筹协调各方面，形成做好组织工作的合力。加强组织部门领导班子建设，注重选拔政治上强、坚持原则、公道正派、有党务工作经历的干部担任组织部门领导干部。

第三十九条　组织部门应当坚决贯彻执行党中央以及党委（党组）的决策部署，严格执行重大事项请示报告制度。坚持和完善部务会会议制度，健全议事规则和程序，充分发挥部务会集体领导和把关作用。

第四十条　组织部门应当聚焦主责主业，健全工作机制，优化工作流程，加强调查研究，注重运用互联网技术、数字技术和信息化手段，提高工作效能。

第四十一条　组织部门应当强化政治机关意识，带头发扬党的光荣传统和优良作风，带头增强"四个意识"、坚定"四个自信"、做到"两个维护"，坚持以党的政治建设为统领，深入推进从严治部、从严律己、从严带队伍，努力建设讲政治、重公道、业务精、作风好的模范部门，让党中央放心、让党员干部人才信赖、让人民群众满意。

加强组工干部队伍建设，强化政治纪律和政治规矩教育，严守组织人事纪律和保密纪律，坚持清正廉洁，着力提升专业化能力，确保政治上绝对可靠、对党绝对忠诚。

第四十二条　各级党委（党组）应当落实全面从严治党主体责任，加强对本条例执行情况的监督检查，将本条例执行情况纳入领导班子和领导干部考核内容，纳入巡视巡察范围。

第四十三条　违反本条例有关规定的，根据情节轻重，给予批评教育、责令检查、诫勉、组织处理或者依规依纪依法给予处分。

第七章　附　则

第四十四条　中央军事委员会可以根据本条例精神，制定相关规定。

第四十五条　本条例由中央组织部负责解释。

第四十六条　本条例自发布之日起施行。

关于中国共产党党费收缴、使用和管理的规定

（2008年2月4日）

按照党章规定向党组织交纳党费，是共产党员必须具备的起码条件，是党员对党组织应尽的义务。党费收缴、使用和管理，是党的基层组织建设和党员队伍建设中的一项重要工作。为了适应形势发展的要求，进一步加强和改进党费收缴、使用、管理工作，现作如下规定。

一、党费收缴

第一条　按月领取工资的党员，每月以工资总额中相对固定的、经常性的工资收入（税后）为计算基数，按规定比例交纳党费。

工资总额中相对固定的、经常性的工资收入包括：机关工作人员（不含工人）的职务工资、级别工资、津贴补贴；事业单位工作人员的岗位工资、薪级工资、绩效工资、津贴补贴；机关工人的岗位工资、技术等级（职务）工资、津贴补贴；企业人员工资收入中的固定部分（基本工资、岗位工资）和活的部分（奖金）。

第二条　党员交纳党费的比例为：每月工资收入（税后）在3000元以下（含3000元）者，交纳月工资收入的0.5%；3000元以上至5000元（含5000元）者，交纳1%；5000元以上至10000元（含10000元）者，交纳1.5%；10000元以上者，交纳2%。

第三条　实行年薪制人员中的党员，每月以当月实际领取的薪酬收入为

计算基数，参照第一条、第二条规定交纳党费。

第四条　不按月取得收入的个体经营者等人员中的党员，每月以个人上季度月平均纯收入为计算基数，参照第一条、第二条规定交纳党费。

第五条　离退休干部、职工中的党员，每月以实际领取的离退休费总额或养老金总额为计算基数，5000元以下（含5000元）的按0.5%交纳党费，5000元以上的按1%交纳党费。

第六条　农民党员每月交纳党费0.2元—1元。学生党员、下岗失业的党员、依靠抚恤或救济生活的党员、领取当地最低生活保障金的党员，每月交纳党费0.2元。

第七条　交纳党费确有困难的党员，经党支部研究，报上一级党委批准后，可以少交或免交党费。

第八条　预备党员从支部大会通过其为预备党员之日起交纳党费。

第九条　党员一般应当向其正式组织关系所在的党支部交纳党费。持《中国共产党流动党员活动证》的党员，外出期间可以持证向流入地党组织交纳党费。

第十条　党员工资收入发生变化后，从按新工资标准领取工资的当月起，以新的工资收入为基数，按照规定比例交纳党费。

第十一条　党员自愿多交党费不限。自愿一次多交纳1000元以上的党费，全部上缴中央。具体办法是：由所在基层党委代收，并提供该党员的简要情况，通过省、自治区、直辖市党委组织部，中央直属机关工委、中央国家机关工委组织部，国务院国资委党委、中央各金融机构党委组织部，铁道部政治部、民航总局党委组织部，解放军总政治部组织部转交中央组织部。中央组织部给本人出具收据。

第十二条　党员应当增强党员意识，主动按月交纳党费。遇到特殊情况，经党支部同意，可以每季度交纳一次党费，也可以委托其亲属或者其他党员代为交纳或者补交党费。补交党费的时间一般不得超过6个月。

第十三条　对不按照规定交纳党费的党员，其所在党组织应及时对其进行批评教育，限期改正。对无正当理由，连续6个月不交党费的党员，按自行脱党处理。

第十四条 党组织应当按照规定收缴党员党费，不得垫交或扣缴党员党费，不得要求党员交纳规定以外的各种名目的"特殊党费"。

第十五条 各省、自治区、直辖市党委，中央直属机关工委，中央国家机关工委，国务院国资委党委，中央各金融机构党委，铁道部政治部，民航总局党委和解放军总政治部，每年按全年党员实交党费总数的5%上缴中央。上缴中央的党费应当于次年4月底前汇入中央组织部党费账户，不得少缴或拖延。

第十六条 铁路、民航系统党的关系在地方的党委，每年按照全年党员实交党费总数的10%向所在地方党委上缴党费。中国人民银行的地市级分支机构和中央其他金融机构的省级分支机构党委，每年按本地本系统党员全年实交党费总数的5%向所在地方党委上缴党费，其他派出机构和下属单位党委不再向地方党委上缴党费。

二、党费使用

第十七条 使用党费应当坚持统筹安排、量入为出、收支平衡、略有结余的原则。

第十八条 使用党费要向农村、街道社区和其他有困难的基层党组织倾斜。

第十九条 党费必须用于党的活动，主要作为党员教育经费的补充，其具体使用范围包括：（1）培训党员；（2）订阅或购买用于开展党员教育的报刊、资料、音像制品和设备；（3）表彰先进基层党组织、优秀共产党员和优秀党务工作者；（4）补助生活困难的党员；（5）补助遭受严重自然灾害的党员和修缮因灾受损的基层党员教育设施。

第二十条 使用和下拨党费，必须集体讨论决定，不得个人或者少数人说了算。

第二十一条 请求下拨党费的请示，应当向上一级党组织提出，不得越级申请。上级党组织下拨的党费，必须专款专用，不得挪作他用。

三、党费管理

第二十二条　党费由党委组织部门代党委统一管理。党费的具体管理工作由各级党委组织部门承担党员教育管理职能的内设机构承办。

第二十三条　党费的具体财务工作由各级党委组织部门内设的财务机构或者同级党委的财务机构代办。必须指定专人负责，实行会计、出纳分设。党费会计核算和会计档案管理，参照财政部制定的《行政单位会计制度》执行。

第二十四条　党费应当以党委或党委组织部门的名义单独设立银行账户，必须存入中国工商银行、中国农业银行、中国银行、中国建设银行、交通银行、中国邮政储蓄银行，不得存入其他银行或者非银行金融机构。党费利息是党费收入的一部分，不得挪作他用。依法保障党费安全，不得利用党费账户从事经济活动，不得将党费用于购买国债以外的投资。

第二十五条　党委组织部门要加强对党费管理工作人员的培训，提高其政治素质和业务水平。党费管理工作人员，必须先培训，后上岗。党费管理工作人员变动时，要严格按照党费管理的有关规定和财务制度办好交接手续。

第二十六条　党费收缴、使用和管理的情况要作为党务公开的一项重要内容。党的基层委员会和各级地方委员会应当在党员大会或者党的代表大会上，向大会报告（或书面报告）党费收缴、使用和管理情况，接受党员或者党的代表大会代表的审议和监督。各级地方党委组织部门应当每年向同级党委和上级党委组织部门报告党费收缴、使用和管理情况，同时向下级党组织通报。党支部应当每年向党员公布一次党费收缴情况。

第二十七条　党的地方委员会和基层委员会可以留存党费。具体留存单位和留存比例，由各省、自治区、直辖市党委，中央直属机关工委，中央国家机关工委，国务院国资委党委，中央各金融机构党委，铁道部政治部，民航总局党委，解放军总政治部，根据实际情况和工作需要确定，留存比例应当向基层倾斜。

第二十八条　各省、自治区、直辖市党委组织部，中央直属机关工委、中央国家机关工委组织部，国务院国资委党委、中央各金融机构党委组织部，铁道部政治部、民航总局党委组织部，解放军总政治部组织部，每年4月底前就上年度党费收缴、使用和管理情况向中央组织部提交书面报告。报告内容是：上年度党费收缴、使用和结存的数额；党费开支的主要项目；党费收缴、使用和管理工作中的经验、做法、存在的问题及改进的意见和建议等。

第二十九条　各级党委组织部门每年要检查一次党费收缴、使用和管理的情况，总结经验，发现问题，及时纠正。

第三十条　对违反党费收缴、使用和管理规定的，依据《中国共产党纪律处分条例》及有关规定严肃查处，触犯刑律的依法处理。

第三十一条　中国人民解放军和中国人民武装警察部队中的党组织收缴、使用和管理党费的办法，由解放军总政治部参照本规定制定。

第三十二条　本规定自2008年4月1日起施行，过去规定与本规定不一致的，以本规定为准。

第三十三条　本规定由中央组织部负责解释。

党委（党组）书记抓基层党建工作述职评议考核办法（试行）

（2019年12月30日）

第一条　为坚持和加强党的全面领导，完善党委（党组）书记抓基层党建工作述职评议考核制度，夯实基层党建工作，落实管党治党政治责任，推进全面从严治党向基层延伸，根据《中国共产党章程》和《中国共产党地方委员会工作条例》《中国共产党党组工作条例》《党政领导干部考核工作条例》等党内法规，制定本办法。

第二条　开展党委（党组）书记抓基层党建工作述职评议考核（以下简称"述职评议考核"），必须坚持以习近平新时代中国特色社会主义思想为指导，把党的政治建设摆在首位，全面从严治党；坚持围绕中心、服务大局，推动基层党建与中心工作深度融合；坚持书记抓、抓书记，强化责任落实；坚持分类指导、务求实效，重在解决问题，坚决防止形式主义。

第三条 开展述职评议考核，以市（地、州、盟）、县（市、区、旗）、乡镇（街道）为重点，推动机关、国有企业和高校、公立医院等事业单位全覆盖。

每年由省（自治区、直辖市）、市（地、州、盟）、县（市、区、旗）党委分别组织开展市（地、州、盟）、县（市、区、旗）、乡镇（街道）党（工）委书记述职评议考核。省（自治区、直辖市）党委组织开展市（地、州、盟）党委书记述职评议考核时，应将同级机关工委、国资委党委、教育（高校）工委、非公有制企业和社会组织工委书记等纳入，可选择部分有代表性的省直机关、省属国有企业、高校等党委（党组）书记进行述职。市（地、州、盟）、县（市、区、旗）党委组织开展述职评议考核工作参照进行。

中央和国家机关工委组织开展中央和国家机关各部门机关党委书记述职评议考核，部门机关党委组织开展内设机构和直属单位党组织书记述职评议考核。中管金融企业和中央企业党委（党组）组织二级以下单位党组织书记逐级开展述职评议考核。

省以下各级机关、地方国有企业及其下属单位党组织书记和高校、公立医院等事业单位党组织书记述职评议考核，一般按照党组织隶属关系，由其上一级党组织开展。

第四条 述职评议考核应聚焦坚持和加强党的全面领导，落实党中央和上级党组织关于基层党建工作部署要求，履行基层党建工作责任，以提升组织力为重点，突出政治功能。主要包括以下内容：

（一）推进基层党组织和广大党员、干部深入学习贯彻习近平新时代中国特色社会主义思想，认真落实习近平总书记重要指示批示精神和党中央重大决策部署，把不忘初心、牢记使命作为全体党员、干部的终身课题，增强"四个意识"、坚定"四个自信"、做到"两个维护"等情况；

（二）党委（党组）书记履行抓基层党建和全面从严治党工作第一责任

人职责，推动党委（党组）履行抓基层党建工作主体责任、班子其他成员履行分管领域基层党建工作责任等情况；

（三）落实基层党建工作重点任务，推进基层党组织建设，加强党支部建设和党员队伍建设，联系服务群众等情况；

（四）紧紧围绕党和国家工作大局、本地区本部门本单位中心任务，充分发挥基层党组织战斗堡垒作用和党员先锋模范作用等情况；

（五）推动基层党组织落实党风廉政建设责任制、意识形态工作责任制等全面从严治党有关工作情况。

各地区各部门各单位可结合实际，根据每年年初明确的基层党建工作重点任务，确定年度述职评议考核重点内容，注重考核上年度述职评议考核整改清单落实情况和巡视、巡察反馈中涉及基层党建工作问题整改情况，着力解决突出问题，防止面面俱到、走过场。

第五条　述职评议考核一般安排在当年年底或次年年初进行。

述职可采取现场述职与书面述职相结合的方式进行。市（地、州、盟）、县（市、区、旗）、乡镇（街道）党（工）委书记一般应现场述职。述职的党组织书记要紧扣述职评议考核重点内容，把自己摆进去，总结工作成效，主要查摆突出问题、分析产生根源，提出破解工作瓶颈的措施。

党委（党组）书记应经常深入一线调研了解基层党建工作情况，推动解决突出问题。述职评议前，要对履职尽责抓基层党建工作情况进行总结，为述职、点评做好准备。

上级党组织一般以党委常委会扩大会议或党委（党组）扩大会议的形式，听取下一级党组织书记述职。根据不同层级实际，可邀请部分熟悉基层党建工作情况的党代表、人大代表、政协委员和基层党员干部群众代表参加。

听取述职的上级党组织书记应逐一进行点评，班子其他成员可结合工作分工进行点评，重点指出存在的问题和努力方向。点评一般采取"一述一评"的方式进行，也可结合实际集中点评。现场述职评议时，要组织参会人员进行评议。述职评议后，应将述职报告在一定范围内公布，接受基层党组织和党员群众监督。

第六条 将基层党建考核统一纳入党委（党组）书记抓基层党建工作述职评议考核，推动与其他业务考核统筹开展。

述职评议前，上级党组织一般应对基层党建工作情况进行实地考核，深入了解下一级党组织书记抓基层党建工作情况。根据不同层级、不同类型党组织职责任务和工作实际，精简优化考核内容，注重实绩实效，越往下考核工作越要简化。改进考核方式，多到现场看，多见具体事，多听群众说，对可以通过现场查看、走访党员群众等作出评价的，一般不以听汇报、查资料、看台账的方式进行考核，不以开会发文、领导批示、记录留痕、信息宣传数量等评判工作好坏，防止形式主义，切实为基层减负。

上级党组织应依据述职评议和实地考核结果，并结合平时调研了解，对下一级党组织书记抓基层党建工作情况形成综合评价意见，肯定成绩，指出问题，并按"好、较好、一般、差"确定等次，评价为"较好"或以下等次的应占一定比例。综合评价意见及等次经党委（党组）研究后，向被评议考核人反馈，在一定范围内通报，并按照干部管理权限，由组织人事部门根据有关规定归入干部人事档案。

第七条 把抓基层党建工作情况作为党委（党组）书记工作实绩评定的重要内容，作为领导干部选拔任用、培养教育和奖励惩戒的重要依据，作为评价所在单位年度党建工作情况的重要依据。对述职评议考核综合评价等次未达到"好"的，其年度考核不得评定为"优秀"等次；对综合评价等次为"一般"和"差"的，要约谈提醒、限期整改，问题严重的要依照有关规定严肃追责问责。

述职的党组织书记应针对述职评议考核中指出的问题，列出整改清单，认真抓好整改落实。上级党组织应健全经常性指导推动机制，强化督促检查，及时通报整改情况，避免简单以问责代替整改。

第八条 各级党委（党组）加强对述职评议考核的领导，党委组织部门要精心组织实施。

中央组织部和省（自治区、直辖市）、市（地、州、盟）党委组织部门加强工作指导，分别派人参加省（自治区、直辖市）、市（地、州、盟）、县（市、区、旗）召开的述职评议会并进行点评。党委组织部门会同同级机关工委、国资委党委、教育（高校）工委等，加强对机关、国有企业、高校述职评议考核的指导。

各级党委（党组）开展述职评议考核情况，应及时向上一级党组织报告。

第九条　本办法由中共中央组织部负责解释。

第十条　本办法自 2019 年 12 月 30 日起施行。